出世酒場

ビジネスの極意は
酒場で盗め

マッキー牧元

集英社

マッキー牧元（まっきー・まきもと）

1955年東京都出身。立教大学卒。
「味の手帖」編集顧問、タベアルキスト、
ポテトサラダ学会会長。日々旺盛に飲み食べ歩き、
雑誌、ラジオ、テレビなどで妥協のない真の
食情報を発信。著書に『間違いだらけの鍋奉行』
『ポテサラ酒場』『東京・食のお作法』など。

※本書に記載のデータは2016年5月時点のものです。

デザイン	寄藤文平＋新垣裕子（文平銀座）
地図・DTP	株式会社ウエイド
イラスト	永崎ひまる
撮影協力	鵜澤昭彦　絵鳩正志　村川荘兵衛
情報協力	料理王国　食楽

もくじ

第三章　交渉の極意は、繁盛店から盗め

第四章　飲まずに盗め～立ち食いそば編～

はじめに

授業料と思って、高級店にも足を運べ

はっきり言おう。僕がビジネスのことを語るのは、百年早い。

三十三年間会社勤めをした。要職にもつき、様々な人々と出会い、仕事をし、経験を積ませてもらった。

学んだことは多い。でもビジネスの極意をつかんだとは、思っていない。

おそらく会社で学ぶことなんて、そう多くないのかもしれない。その代わりに？　二十代の頃から通った老舗酒場では、もっと多くのことを学んだ。

酒場だけではない。背伸びして出かけた、寿司屋や高級フレンチ、老舗バーでも、様々なことを教えられた。

そりゃあ若い頃は、ちっともなじめず、途方に暮れるばかりであったが、数をこなすうちに、おぼろげながら見えてくるものがあった。

気がつけば、店の主人や女将、常連客たちから、様々な智慧を授けられていたのである。そのことに気づいてからは、常連客の一挙手一投足を観察し、ご主人の話に聞き耳を立て、時には店主に時間を作っていただき、お話を聞いた。

今、タベアルキストという名で、食べ歩きを生業としている。外で食べ歩くだけで生活できるという、夢のような職業である（現実は厳しいけどね）。

年間六〇〇食ほど外食をしている。人は「おいしいものが心底好きなんですね」と言う。確かにそうだが、ただおいしさだけを求めて奔走しているのではない。

食べ歩き続ける真の理由は、その料理の先にいる、「人」に会いたいからである。「人」の考えに、触れたいからなのである。

飲食店の方々は、日々お客さんに喜んでもらわなければならない宿命を背負っている。そのためには、まずなにより誠実でなければならない。

仕事に対しての誠実さは、現状に満足せず、常に改良を考えることや、情熱を持ち続けること、反骨精神があることなどを、持ち続けなければならない。

この資質こそ、ビジネスにも通じる本質でもある。ということは、酒場で、飲食店で教えられたことも、ビジネスの極意となり得るのではないか。と、ある日突然、酒場で飲みながら思い至ったワケである。

それが本書である。つまり酒場での妄想が、ビジネス指南書となったワケである。突飛ながらも、時として妄想が、真実を見抜いていることもあるのが人生なのだあと、書いてしまった。

そして永崎ひまるさんの可愛らしい絵にも助けられて、さらに真味が膨らんだ。

こうしてビジネスに役立ちながら、読めば読むほどにお腹が空いてたまらなくなるという、どこにもない、変な本が出来上がったのである。

だからこの本は、空腹時や就寝前は、読んではいけません。

それではしばし、盃を共にしながらおつきあい願いたい。

第一章

働き方の極意は、
名物女将から盗め

Secret 01

始めたら最後までやり抜く

本店浜作（銀座）

ここは、大人の幼稚園である。それも、上質な人生を過ごしてきた大人だけが集う、幼稚園である。

初めて銀座「本店浜作《ほんてんはまさく》」を訪れた日に、当時四十代後半だった自分は、いったいいつになったらこんな素敵な園児になれるのだろうかと、痛感したのである。

席を埋めたお客さんたちは、堂々たる大人ばかりである。しかも皆さん品がよく、裕福そうで、地位も高いであろうと思われる方々が、一様に相好を崩している。

これだけの大人たちが、心を裸にして楽しめる店は、そうはない。他の店であれば、どこかできな臭い話をしている人や、むっつり黙りこんでいる人がいるはずである。

「本店浜作」は、今でこそ当たり前になった「板前割烹」というスタイルを、初めて導入した店である。

大正十三（一九二四）年、大阪の新町で創業をした。その頃の料理屋といえば、板前が数十人もいる大料亭が主で、料理は調理場で作り、それを仲居さんが部屋まで運ぶというスタイルしかなかった。

しかし新町の「浜作」は、カウンターのオープンキッチンをつくり、お客さんの注文に合わせて目の前で料理を作って出した。この新しい「板前割烹」というスタイルが受けたのである。しかも板前は、日本一と言われた「播半《はりはん》」や「つる家」で活躍したスター。連夜客が押しかけ、大成功を収めたという。

その後、昭和三（一九二八）年に塩見氏は銀座に進出し、以来八十八年間盛況を誇っている。政財界の重鎮をはじめ、十五代目市村羽左衛門、阪東妻三郎、谷崎潤一郎、吉行淳之介など、各界の名士が通い、菊池寛も綴った名店である。

常連客はカウンターに陣取り、今日ある食材をご主人に尋ねては、品書きに書かれた料理以外の好きな料理を作ってもらうこともある。

名物の一つは「カレイの煮おろし」で、一匹丸ごと揚げたカレイに、味をつけた、たっぷりの大根おろしをかけた料理である。

スプーンで崩して口に運べば、大根おろしの甘味とレモンの酸味、出汁のうま味のバランスがよく、ほのかに甘いカレイも、すんなりと収まっている。

うま味が出すぎず、味の肩が張っていない。それが、昔ながらの品格を持った味なのである。「鯛山椒焼き」「オコゼの薄造り」「沢煮椀」といった他の名物も、吟味された素材が、舌にすっとなじんでくる心地良さがあって、後味がすこぶるきれいである。

さらには、エビフライやカキフライといった、気取りのない料理も人気がある。

薄味に仕立てた関西割烹の味わいには、酒が恋しくなる調味が忍んでいて、ついつい酒が進んでしまう。それがまたいい。

最後は、「守半《もりはん》」の海苔と新香と味噌汁、ご飯でシンプルに締めて、一息をつく。味噌汁に入れられた三つ葉の細さと香りの高さ、みずみずしさ、切られた長さも寸分違わない。こういう点にこそ「いい仕事をしている」というのである。

今の時代にありがちな、いじりすぎの料理や豪華な食材を駆使した料理とは違う、古き良き時代の誠実があって、それこそが贅沢だよと、教えられる。

しかしこの店に来る人たちには、料理だけではなく、もう一つの目的があるようなのだ。それが大女将である。「本店浜作」には、大女将、女将、若女将と、三代にわたる女将がいて、常連客は、なにより大女将の笑顔に会いに来る。

「本店浜作」名物、カレイの煮おろし

「もう私なんか、お店に出ても邪魔でしょうに、私とお話ししたくてと言ってくださるお客様がいるので、本当に感謝しています」

九十四歳になる塩見栗子《りつこ》さんはそう言って、微笑んだ。

目を細めた柔和な表情の中に、愛らしさと人間力を漂わせた、大きな笑顔である。きっとこの笑顔に包まれたくて、行く。そんなお客さんが多いのではないだろうか。

「毎日毎日お客さんとお話しさせてもらうことが、もう楽しくて、楽しくて。いつも元気をいただいております」

香川県・多度津の旅館の娘として生まれ、県有数の女学校の秀才であった栗子さんに縁談がきた。それが先代の主人で、おそらくその才色兼備を認められたのであろう。栗子さんは迷うことなく、上京して「浜作」の二代目、現当主三代目のお父様に嫁いだ。

冬の日、一人で東京に着いた彼女に、義父となる初代が作ってくれた、ふぐのお造りとふぐの白味噌椀は、今でも忘れられない生涯一の美味だという。

結婚式は、昭和二十（一九四五）年一月という戦局が厳しいさなか、帝国ホテルで行われた。戦時中ゆえに栗子さんのご両親も参加できず、「浜作」の客であった岩波書店創業者の岩波茂雄や、独文学者の小宮豊隆、哲学者の安倍能成などが出席し、祝ってくれたという。

しかしそれからが大変である。右も左もわからぬ東京で、家事と店の手伝いをしなくてはいけない。厳しい初代の女将さんや、ベテランの仲居さんなどの〝小姑〟もいる。

客商売などわからぬことだらけで、相当苦労されたのではないでしょうか。そう尋ねると、「それは若かったから、みんな水に流れてますわ」と、笑われた。

人は苦労話を、ついしたがるものである。いかに自分が苦労して、今の地位を摑んだか、話したがる。しかしよく考えれば、それは自慢でもあり、他人にとっては気持ちのいいことではないかもしれない。だから苦労話など一切せずに、流す。なんとも粋で、格好がいい。

「負けず嫌いで、勉強が大好きでした。でも学校じゃ社会勉強はやらないでしょ。なにも知らないから、ただただ、義母《はは》の仕事の後ろ姿を見て、やってきたんです」

苦労するのは、自分が足りていないからという、心構えと客観性がある。いや苦労をありがたいと思う本心があってこそ、努力が身を結ぶのである。

「本当に勉強になりました。だからこれは、浜作大学にしたらいいと言ったら、義父《ちち》がいいことを言うなと笑っていました」

真面目さと負けん気、明晰さと快活さで、一流割烹の女将としての仕事を、瞬く間に会得していったことだろう。

「お金や着物には興味がない。仕事一筋。とにかくこんな真面目な人はいない」と、息子さんである現在のご主人、塩見彰英さん。

初代の女将さんも、真面目で、仕事の神様のような方だったという。

「身を粉にではなく、骨を粉にして働きなさいと、よく言われました」

骨を粉にである。どれだけ働くのが骨を粉にすることなのか、怠け者の僕には想像できない。

「娘さんや孫娘さんにも、骨を粉にして働きなさいと言われていますか?」と聞くと、

「孫娘には、いつも〝女らしく〟と言っていますの」

「女らしくとはどういうことですか」

「真面目にやることではないでしょうか」

仕草やあでやかさではなく、真面目さが女らしさを作る。人としての真っ当な充実が、女らしさ、ひいては男らしさも作るのだろう。

「どんなお仕事にも、辛抱はついて回る。辛抱やめたらあきませんね。続けていくことよね。そうしたらいつの間にか九十を越えました」と、また愛らしく、大声で笑った。

継続は力なり、とよく言われる。しかしその裏にある辛抱の意味を知る人は少ない。辛抱への感謝を携えている人も少ない。大女将の笑顔に、多くの人が魅了されるのは、その奥底に辛抱への感謝が流れているからに他ならない。感謝の心を忘れずに、真面目に生きてきた人の笑顔こそが、我々の心を包み込んでくれるのである。

point

どんな仕事にも辛抱はついて回る。
続けていくこと。

Secret 02

上だけでなく下にも気を遣う

らんこんと（銀座）

なんて可愛らしい人なのだろう。銀座のバー「らんこんと」のママ、長谷川慈子《しげこ》さんに初めてお会いした時、素直にそう思った。純な心を滲ませながら笑う姿に、少女の面影があった。

「らんこんと」は、実に気持ちのよいバーである。銀座で食事をした後に、ついふらりと寄りたくなる店である。

店は、一階がカウンター席、二階がサロンになっていて、好みで使い方を分けられるところもいい。

バーテンダーは気さくなのだが、なれなれしくない。気持ちが真っ直ぐで、礼儀をわきまえ、酒に精通していることをほのめかさない。

このバーのオーナーが、長谷川慈子さんである。常連からは親しみを込めて〝おしげさん〟と呼ばれている。

おしげさんは、その笑顔も、ちょっとした仕草も、実に可愛らしい。しかし何回か通い、お話をしているうちに、なにか信念に似た正しい心根が、芯で燃えている気配が感じられた。

また話の節々に、慧眼《けいがん》と判断力があって、思わず背筋が伸ばされ、心が引き締められる瞬間がある。

その後彼女が、伝説のクラブ「ジュン」で、長年働いていたことを知った。「ジュン」とは、歴代の首相や政界の重鎮、財界のトップ、大物芸能人やスポーツ選手などが顧客であった、伝説の超高級クラブである。

おしげさんの生まれは会津若松で、お父様は映画館を経営していた。彼女を溺愛する父は、劇団ひまわりや市川昭介歌謡教室に通わせ、芸能人にしようとしていたという。

しかし同時期の教室には、ちあきなおみや都はるみなど、遥かに歌のうまい人が通っていた。このままでは、父の期待に応えられないなあと思っていた矢先、父の会社が倒産をした。

東宝映画の『社長漫遊記』など「社長」シリーズを見て、新珠美千代の芸者姿や淡路恵子のホステス姿に憧れていた彼女は、願ってもない機会だと、自分から銀座のホステスになった。十八歳、一九六八年のことである。

通っていた学校の先生に話すと、

「図書館手伝いでもやりながら、学校に通う方法はないの？」と説得されたが、

「早くお金を稼がなきゃいけないので、銀座で働きます」と、言い切った。

その後最初の給料をもらい、赤い着物を着込み、菓子を持って、高校の先生に挨拶に行った。

「水商売でも偉い人はいるから、頑張りなさい」

そう言って先生は、ポロポロと涙を流したという。その時、銀座の仕事が楽しくてしかたなかった彼女は、なんで泣くのだろうと、涙の理由がわからなかった。

最初の店「鹿」で働いて半年後、「ジュン」から日当一万円でスカウトされた。

当時大卒初任給が三万六〇〇〇円の時代である。それでも「ジュン」では最低限の給料だったが、現在の価値に換算すれば、月給一〇〇万円ほどになる。

高給だったが、ホステスは衣装への投資が大変である。月一回「おしゃれ日《び》」という新しいドレスや着物を披露する日があり、みんな競いあって着飾った。

だが長谷川さんは、お金を貯めて、おでん屋かそば屋さんをやりたかったので、時には友人から服を借りてしのいでいたという。

とにかく懸命に働いた。天職と思えるほど、ホステスの仕事が好きになった。

「ジュン」で働き始めた時、「これから働く子たちは大変だわ。銀座の最高の時はもう終わったから」と、先輩たちに言われたが、それでも今に比べれば、圧倒的に華やかな時代だった。

お客さんは、それこそ湧くように次から次へと銀座に押しかけ、お姉さん方は、時代劇のような着物やドレスを着て、颯爽と銀座の街を闊歩している。クリスマスの時季は、みんなが三角帽をかぶって、街中が浮かれている。

「ジュン」のマダム塚本純子さん、「らどんな」のマダム瀬尾春さんには、人間の道をたくさん教えられた。小説やドラマにもなった、伝説の人たちである。

「人間として、深く尊敬しています。本当に勉強させていただきました」

長谷川さんはそう言って、遠くを見た。

「悪口は絶対言うな。人の悪口を言うような人と友達になりなさんな」

塚本さんには、そうよく言われたという。

当時顧客の一人が、某建設会社の副社長になり、お祝いにご自宅に伺ったことがある。する

と奥様に、
「ありがとうございます。主人が偉くなったのも、夜、あなたたちがお仕事で助けてくださったからですよ」と言われた。

「らんこんと」の〝おしげさん〟

「その時、初めて仕事に誇りを持ちました」

十年働き、独立して女性のいるバーを開く。人との出会いに感謝して、店名は出会いを意味する「らんこんと」にする。店は繁盛したが十年目に突然、あれだけ好きだった人としゃべることがいやになった。銀座が嫌いになった。そこで店をたたみ、二年間休む。その間は、銀座にも近づかなかったという。

「銀座には魔力がある。銀座の力というのは、恐ろしいんです」

その後男性バーテンダーのいるバーを十年やり、二〇〇九年から現在のバーを開いている。

彼女の元から巣立ったバーテンダーたちが、現在全国で六軒、バーをやっているという。

その一軒を訪ねた時、シャンパンを出され、こう言われた。

「僕はママにシャンパンおごるのが夢だったんです」

「大学出て一流会社に入った子より、彼らのことを尊敬しています」と、おしげさん。

彼らに常に諭してきたことは、二つだという。

「当たり前のことしなさい」

当たり前とは何か？　それさえわからぬ人が多い。年を重ねてきた自分でさえ忘れる。いや年を重ねてきたからこそ、あらためて当たり前とは何かという問いをすることを、怠けている。

「店の主人になった気持ちでやりなさい」

ビジネスでもそうである。社員全員が社長の立場、経営者としての責任と将来のビジョンを持ちながら働く会社は強いだろう。

こうした教育を受け、彼女のもとを巣立ったバーテンダーたちは、全国で多くのお客さんを幸せにしている。だからこそ、今の「らんこんと」も、居心地がすこぶるいい。

もし子供がいたら、何をさせたいですか？　と尋ねてみた。

「お寿司、そば、バーで一軒店を持つように頑張らせることですね。早いうちから修業させて、早く店を持たせて一国一城の主にする。これは素晴らしいことです。なにしろ定年がないんですもの。唯一つらいのは、お客さんを待つということかしら。でもそれを耐えられたらいいお仕事だと思う」

今は亡き大鵬が「ジュン」に来た時の話も印象に残っている。大鵬に向かって、

「私は柏戸関のほうが好き。だって大鵬さんは、強すぎるんだもの」とあけすけに話す彼女に対し、大鵬は言った。

「銀座も一番になると大変だろ。相撲も、一番で居続けるというのは、大変なんだよ」

こうした大物に多く接してきた彼女に、偉くなった方に共通することはなんですか？　と問うてみた。

「偉くなられた方は、皆さん共通で明るい方です。物事を明るく捉える才があります」と言う。

さらに、

「仲居さんとか一番下の人とか、下々に気を遣われます。そうじゃない人はだめになる」

一流の男たちに触れてきた彼女の言葉は重い。

「人生山高ければ、谷深し。今は苦しくても、次にいいことがあると思う。長い間商売をやらせていただいて、つくづくそう思います」

そう言って彼女は唇を噛みしめた。

接客のプロである。相手の気持ちを一瞬にして読み取って心地よくさせる、話のプロでもある。そんなプロが、最後に意外なことを言った。

「四十数年間、人様とお話をしているのに、実はもって生まれたあがり症なの。私って真面目なのかしら」

どこまでも可愛らしい人である。

point

偉くなる人は、一番下の人にも
気を遣えないとだめ。

Secret 03

とっさの機転が大切

森清（梅田）

おでんにお好み焼き。かやく飯にボルガライス。串カツに串焼き。鴨鍋にうどん。百軒近い食堂が立ち並ぶ「新梅田食道街」には、大阪人の旺盛な食欲が渦巻いている。

その二階に、「森清《もりせい》」は、ひっそりと店を構えている。

前職のサラリーマン時代から、よく訪れていた。早めの新幹線に乗り、夜の仕事の前に軽く一杯引っかけるのを、なによりの楽しみにしていた。

夕刻、清らかな麻の暖簾を潜り、引き戸を開ければ、

「おかえりなさぁい」と、八十歳を越えた女将の明るい声に迎えられる。キヨさんこと森岡清

子さんである。

この挨拶で、一気に気が晴れる。仕事と都会による憂鬱な曇り空が、晴れていく。いつ訪れても変わらない。女将の明るさも、きびきびと働く息子たちも、清潔感に富むカウンターも、ガラスケースの中で待ち受けるおいしい惣菜も、変わらない。

「ああ、ここでまた酒が飲める」

喜びが体にゆっくりと満ちて、安寧な気分となる。

ある夜のことだった。店の開けはなに訪れると、客は、五十歳ほどの女性一人と、六十代の男性二人組がカウンターに座っていた。

女性客はほろ酔いで、ビールの入ったグラスを取ろうとして、手を滑らした。ビールは勢いよく飛び散り、カウンターの中にいた女将さんの着物にかかった。

一瞬にして場が凍りつく。女性客は「あっ」と言ったまま黙り、他の客も身を硬くした。しかし咄嗟《とっさ》に、キヨさんは声を発した。

「いややわぁ、もう私、水も滴《したた》るええ女になってしもたわ」

「あっ、しもた。水も滴るは男のことやったか。ハッハハー」と、自分に突っ込んで、大笑いしたのである。

僕も、男性客もつられて笑った。女性客も微笑んでいる。女性客に「すいません」の一言も言わせないタイミングと言葉が、見事である。

気まずい雰囲気は、和やかな空気に変わっていく。客商売が長くとも、なかなかできることではない。

相手の失敗を、失敗とさせない。そんな転換を、誰が、しかも瞬時にできるだろうか。

おそらく、彼女の中で培われてきたものがあったのだろうと、ひとしきり感心していると、またキヨさんがしゃべった。

「いややわあ、ビールに惚れられてしもたわ」さらに客たちが笑う。すると、

「かなわんわ。もうビールにしか惚れられんで」と、再び一人突っ込みである。

それでも女性客がまだ恐縮しているように見えたのだろうか。続いて、

「気にせんといて。ええ香水つけてくれたわ。変な虫がつかんようにな。アッハッハー」と、大爆笑。

「うちは虫つきすぎやから」と妙なフォローをする。

それでも女性客が濡れた服を拭こうとすると、

「胸触らんといて。私の一番ええとこやさかい。ハッハハー」

いい。この女将がいるから会いとうなる。女将の陽気につられて、酒をすいすい飲んでしまう。

「ひっさげ（マグロ）の造り」も「さるぼう貝」も「ほうれん草のしたし（おひたし）」も「芋サラダ」もうまい。なにしろ、そんじょそこらじゃ出せない、素材のよさが光っている。

酒よし、肴よしという酒亭の大原則に、しっとりとした店の雰囲気よし、客筋よしという状況が加わり、その上にこの女将である。最強の酒亭ではないか。

客とのやりとりを聞いていて、気遣いの素晴らしさに感心したが、あのしゃべりは東京の人間にはできない。関西人、特に大阪の人間特有の言い回しだからだと思った。

東京の人間は、なかなか自分を笑い飛ばすことができない。しかし大阪の人たちは、自分を客観視し、笑い飛ばすことが、笑いにつながることを知っている。そこに人生の哀愁という真実があることを、よくよく知っている。だから関西の笑いは面白い。

そう勝手に解釈したのだが、女将さんの深さはそんな浅はかな解釈を遥かに越えていたことを、後日知ることとなる。

別の夜また一人で飲んでいる時、隣には中年のサラリーマンが一人静かに飲んでいた。

「あんた、前もこの店に来てくれたことあるやろ」と、キヨさんが尋ねると、

「はい。大阪時代はチョイチョイ寄らせてもらったんですが、博多に転勤になって、十年間来られずにいまして。今日はまた大阪に戻ってきたんで、寄らしてもらいました」

「そうなん、ありがとうねえ」

「森清」の女将と

「はい、久しぶりに寄せてもらい、女将さんと話せて、感謝ですわ。今日はいい日です」

「なに言うてんの。感謝はこちらや。あんたがうちとこを覚えてくれて、十年ぶりに来てくれた。うちにとって、こんなええ日はない。ありがとう。ほんまにありがとう。ええ一日をくれてありがとう」

そう言って、涙を流さんばかりの表情で、お客さんと握手をしたのである。

「おかげさま」その時、心に浮かんだのが、この言葉だった。店をさせてもらっているのも、お客さんのおかげ、助けてくれた人たちのおかげです。おかげさまで商いさせてもらっています――。

まず第一に、感謝の心がある。だからこそ、先の女性客にも、この男性客にも、こういう言葉が出るのだろう。

それは心がけではなく、感謝の心から派生するのである。

また女将の接客は、最高のおもてなしにもなっている。「おもてなし」とは、決まり事やマニュアルだけでできるものではない。

常に感謝の心を持ち続ける、人間としての深さがないと、真のもてなしはできないという現実も学んだのである。

ある日、息子さんが作った「芋サラダ」を「何回食べても、おいしいなあ」と言うと、女将は笑顔で、

「息子が店やってくれてるんで、こうしてやっていけるんですわ。この子ら、自分で産んだとは思えないの」と言う。

「え？　なんで」

「産んだのやなくて、与えられたものやと思うの。だからほんまに感謝してる。毎日お空に向かって、今日という日をいただいてありがとうって、感謝してます。だからマイナスのことは、絶対言うてはあかんと思ってます」

私事ながら、実は還暦のパーティーに流すビデオに出演してもらおうとこの店を選び、撮影クルーに連絡してもらった。

当日開店前に訪れて、

「今回は面倒なことをお願いしまして、また、取材お受けしていただいてありがとうございます」と言うと、女将さんがまた甲高い声で言った。

「なに言うてんの。あんたの還暦の会いう大切な大切な人生の節目に、うちらを選んでくれてほんまに光栄です。こんな、片足棺桶に突っ込んでるお母ちゃんを選んでくれて、息子らとありがたいなあと、言うてたんですわ。感謝やわ。ありがとう、ありがとうな」

そう、彼女は、どこまでも感謝の人なのである。

point

感謝の心を忘れない姿勢が
成長を生み、人を惹きつける。

Secret 04

親しくなっても距離感を保つ

珉珉（赤坂）

初めてこの店を訪れた日は、真夏だった。席に座って「瓶ビールくださ い」と頼むと、サービスのお母さんに、いきなり肩を叩かれた。

「瓶ビール？　あんたは運がいいねえ」

なんのことだか、さっぱりわからない。

「なにせ昨日から、来る人来る人、みんな生ビールしか頼まないからねえ、瓶はもうキンキンに冷えてるよ。目の付け所がいい。えらいっ」

瓶ビールで褒められたのは、後にも先にもこの時だけである。

しかも初対面なのに、この気さくさである。突然なんの前触れもなく、こちらの陣地に攻め込んでくるのである。こりゃあ嫌がるお客さんが多いんじゃないかと思ったが、後で聞けばそうでもないらしい。

いやそれよりも、この女将目当てに来るお客が多いようなのである。

その後メニューを眺めて、

「シジミ炒めお願いします」と頼めば、

「ない。それは予約のみ。シジミは生だからね。代わりにアサリどう？　青菜と炒めたやつ。おいしいよぉ」

「じゃあお願いします」

「ははあ、今夜は、お腹にたまんない料理がいいんでしょ」

「そうです」

「あんたダイエットね。余計なお世話か、ハハハハハ」と、快笑。

ところがそのアサリ炒めが、なかなか来ない。彼女は、痺れを切らしている様子を、直ちに察知したらしい。

「今、アサリ炒めてるからね。もうすぐだよ。頼んだの覚えてる？　覚えてる。そう、よかった。わたしゃ忘れてたけどね。ハハハハハ」再び快笑。

愉快である。とにかくよくしゃべる。よく笑う。もはやなれなれしいを越えている。親戚のおばさんちに来て、ご飯を食べているようである。

その後、餃子を頼むと、お母さんが運んできて言う。

「あんた、うちの餃子初めて食べんだよね。なら、うちの餃子のタレはこれ。今作るからね。見てな」

彼女は小皿に酢をなみなみ注ぐと、やがて胡椒をこれでもかと、親の仇のように振りかけた。目を丸くしていると、彼女は不敵な笑いを浮かべて、言い放った。

「これがうちの餃子のタレね。胡椒は酢が見えないくらいたっぷり振るの。うちは餃子の味に自信があるから、醤油とラー油味のタレに逃げないで、これだけで十分なの」

「珉珉《みんみん》」の餃子は、肉餡の味が濃い。その肉餡の味を楽しむには、酢醤油にラー油という普遍的な組み合わせより、酢胡椒が合うのである。

こうして常連以外の客だとみると、お母さんが瞬く間にタレを作ってくれる。

「でもいつも来てる人でもね、お母さんがタレを作って、お母さんが作ると味が違うんだとお願いされるんだけど、私言うの。酢と胡椒なんだから、誰が作っても変わんないよ。少しは親離れしなさいってね」

餃子は温かかった。温度の話ではない。酸味と胡椒の刺激が、よく練られた肉餡のうまさを引き立てる。そこにお母さんの人柄という調味料が加わって、ほのぼのと心が温められるのである。

ウキウキとしてきた。軽く済まそうと思っていたが、炭水化物も欲しくなった。そこで、

「あんかけ焼きそばはありますか」と聞けば、

「ああ、あれやってないのよ」

「なんで？」

「人気があってね。みんな頼むからやめちゃった。まったく変な店だねえ。ハハッハハ」

爆笑。

結局、炒飯を頼むことにした。湯気を上らせながら、炒飯を運んできて、いざ食べようとすると、また一言。

「ザーサイ入れてやるから、それ貸しな」と、

「珉珉」の餃子のタレは酢＋胡椒

取り上げられ、どっさりザーサイが盛られて戻ってきた。

「ごちそうさまでした」

そう言って、勘定を払おうと席を立つと、

「どう、お腹いっぱいになった？」と、お腹を指先でツンツン突かれた。

「ありゃ、このお腹じゃわかんないねえ。ハハハハ」大爆笑。

この地に店を開いて四十三年。「珉珉」は、毎晩予約で満席となる。

おそらく、ほとんどのお客さんは、このお母さんと会いに、お母さんと話がしたくて、店に来るのではないかと思う。

清水和子さんは、今は亡きご主人と店を立ち上げた。ご主人は、東京で初めて餃子を出したとされる、渋谷「珉珉羊肉店」の調理長だったという。餃子と羊焼肉が名物であった店で、今はない。

二十年働いて独立しようとする頃に出会い、結婚した。ご主人が三十八歳、お母さんが二十九歳の時である。

「なぜ結婚したかって？　そんなことどうだっていいじゃない」

なれそめを聞くと、そう言ってはぐらかされた。けっこう照れ屋なのである。

そしてご主人の実家を改造し、赤坂に店を開く。ご主人の腕は一流だったので、店は流行った。しかし遊び人で、なじみのお客さんには損得抜きで酒を出したりするので、経営を任されていたお母さんは、苦労が絶えなかったという。

「明日のお金もなく、ほんとに屋上から身を投げようと考えたこともありました」と、苦労を思い出す。

「でも」と話を続ける。

「息子たちが後を継いでくれ、従業員たちもいい子ばかりで、苦労を忘れることはないけど、今は息子たちや従業員に感謝しています。本当に〝ありがとう〟の一言です」

そう言って、厨房を見た。

店を継げと言ったわけではないのに、当然のように二人の息子は店に入り、料理をした。才もあった。引退していたご主人が、鍋を振る息子の姿を見て、「俺は負けたなあ」と呟いたという。

「餃子」「ドラゴン炒飯」「蜂蜜鶏」「カニの唐揚げ」「炒麺」。安く、おいしい名物料理は健在であり、提供する料理は、百七種類にも及ぶ。

鍋で炒める、威勢のいい音が流れる中、七十四歳になるお母さんの巧みなしゃべりが、店内の熱気を上げていく。

「会社では堅物で角がある人も、ここに来ると丸くなる。一緒に来た会社の人が、みんなびっくりするよ」それも彼女との会話があってこそだと思う。

有名芸能人や上場企業の社長など、長年通う客も、彼女としゃべりたくて来るのである。

今では「のど元まで来たら、全部しゃべっちゃう」彼女だが、以前は対人恐怖症で、人と話せなかったという。

「だからお客様にぶつけてみようと思ったの。そしたら人って変われるのね。今ではこんな調子。ハハハ」

「でも、あるおじさんに言われました。お客さんと親しくなってもいいけど、慣れちゃいけないよって。こう見えても、その言葉を戒めに頑張ってるの。でもその塩梅や狭間が難しいのよね」

思ったことをポンポン言う。叱りもし、励まし、優しくもされる。そんな接客に、大人は弱い。

だが、ただ思いついた言葉をぶつけているだけではない。彼女の中には、常に客観的な視線と、相手を思いやる気持ちがある。だからこそ心に響く。

「女らしさってなんですか」と聞いてみると、

「言葉尻じゃないかしら」

「それと、別れ際の思いやりね」

特に従業員には、帰り際にかける言葉に気を遣うという。冬に調子が少し悪そうだと、カイロを渡してあげる。そういえば、

「お汁粉いる？　食べて行きなさい。あったまるよ」と言われた冬の日もあったなあ。

人は皆、初対面に気を遣う。最初に好印象を与えようと努力する。しかし別れ際の言葉に、気を遣う人は少ない。

「今日は、あなたとお話ができて、とても有意義な時間でした」

こう言われたら参ってしまう。でも恥ずかしくて、なかなか言えない。それにこんな言葉は口先だけで言っても意味がない。続けて、

「渋谷においしい居酒屋があるんですが、もしよろしかったら今度ご一緒しませんか」

なんて言われた日にはどうしよう。ほいほい約束してしまう。

このお母さんの言葉を聞いてからは、別れ際の言葉に集中しようと思った。すると不思議なことに、相手のことをよく知ろうと思うのである。

よく聞き、どんな人か、何に興味があるのか。聞く努力をしている自分を発見した。必ず他人には、自分とは違う大小の驚きがある。

「今日はお会いできて、うれしかったです」

せめてこの言葉くらいは、社交辞令ではなく、心から言えるようになろう。そう思うようになった。

「別れ際の思いやりね」その言葉を胸に餃子を食べる。肉餡の味が舌を包み、皮も存在感がある餃子は、嚙みしめてこそおいしく、嚙めば嚙むほど味が出る。

嚙むほどに味が出る。それこそが、お母さんと息子たちの味であり、常連が通い続けてしまう、店の誠意なのである。

point

別れ際の一言に思いを込めると、
次につながる。

マッキーさん直伝 1
瓶ビ〜ルのおいしい注ぎ方

Secret 05

叱る時は愛を込める

鳥房（立石）

立石には、ケンタッキーフライドチキンがない。

なぜか？　それは立石に「鳥房《とりふさ》」があるからだ、とまことしやかに言い伝えられている。

立石近辺の住人は、物心ついた時から「鳥房」の鶏の揚げ物を食べている。だからケンタッキーだろうが、浅草の洋食屋のチキンバスケットだろうが、一切口にしない、と言われている。

そういえば、東京で鶏の唐揚げブームが起こり、次々と店ができた時も、この街にはついぞできなかった。

そこまでうまいのか。それは食べなくてはいけない。そう思う人で、店は開店前から行列ができる。

開店時間は、午後四時、日祝は三時からである。京成立石駅の改札口を出て、向かって左側の階段を下りる。下りて左に曲がると、右手に「鳥房」が見えてくる。

通りに面した「鳥房」は、どの街にでもありそうな、鶏肉屋である。庇上の壁には「大東商店 鳥房」と大きく記され、まだ頭に三がつく前の電話番号が書かれている。

鶏肉屋であるから、当然ながら、もも肉、むね肉、手羽先、もつなどが、ガラスケースの中に整然と並んで、客を待っている。

しかしケースの横の少し奥まった場所に、他の鶏肉屋とは違う景色がある。油を張った大鍋に、ご主人(おそらく)が、次々と半身の鶏肉を入れて、揚げているのである。

「ジャーッ。ジュジューッ」威勢のいい音が響く。だがなにしろ半羽分である。

様々な部位を均等に加熱する難しさを、常に意識しているのだろう。鶏肉を揚げる眼差しに、気が張り詰めているようだ。

店の裏手が、「若鳥唐揚げ」を食べさせる居酒屋である。横の路地に入ると、行列が見えてくる。

障子戸に墨痕鮮やかに「鳥房」の大文字。「味自慢　鳥房」と白文字で抜かれた茶色の暖簾。

障子戸には、「お客様へ　酔った方の入店はお断り申し上げます」の張り紙がある。

だが告白しよう。僕は酒を飲まないで、この店に行ったことはない。なにせここは立石である。昼酒天国である。

せっかく立石に行くならと、会社を休んで午後二時頃に着き、「宇ち多」の焼きトンや、「栄寿司」の握りや、「丸忠かまぼこ店」のおでんで、一杯どころか二杯三杯も飲んで、「鳥房」に流れてしまう。でも追い出されたことは、いまだにない。

実は、この店には三つの厳格な決まりがある。

一、酔っ払いお断り。

二、一人につき半羽分若鳥唐揚げ一皿を頼むこと。

そして三つめが、最も大切とされる決まりで、「四人のおばちゃんたちに、いかなることがあっても逆らってはいけない」以上が三条例である。

今ではインターネットが発達しているので、この条例は知れ渡っている。だが僕が最初に訪れた時は、まったく知らず、すべてを破って怒られた。

店内は土間のカウンターと、入れ込み式の座敷に分かれている。だが店に入れたからといって、勝手に座ってはいけない。

「はい、あなたここ。何人？　じゃあこっち座って」

名物女将の指令に従い、席に座らなくてはいけない。

「座敷へどうぞ」と言われても、勝手に上がってはいけない。他の客の動線に倣《なら》って座敷に上がる。そうしないと、

「そこから上がっちゃだめ！」と、叱責される。どうやら靴をしまう都合があるようなのである。

「鳥房」は大鍋でジャーッと鶏を揚げる

脱ぐのが難しいヒールやブーツも、注目の的となる。もたもたしていると一喝。

「うちに来る時には、そんな靴履いてくんじゃないよ！　サンダルでくんな！」

靴を揃えてから座敷に上がろうと、向きを直していると、

「そんなコトしなくていいから、早く上がって」

立って上着を脱ごうとすると、

「座って脱いで！」

荷物を座敷に置こうものなら、

「荷物は机の下！」

とにかく怒られる。初心者であればあるほど怒られる。でも嫌な気がしない。自らのうちに眠っていたM体質が目覚めたのだろうか、怒られて逆にすっきりする感じである。

でも中には萎縮する人も多いだろう。小心者、度量の狭い人、せっかち、S体質、虚栄を張りたがる人、プライドが高い人、政治家はこの店に連れてきてはいけない。

よく考えれば、おばちゃんの怒りは真っ当なのである。店内は狭い。できるだけ効率よく座ってもらうスペースを作る。並んでいる人が入るため、回転を速くしなくちゃいけない。

また座敷に上がる時に靴を揃えなくていいというのも、理にかなっている。別にこうした居酒屋でなくとも、一流の割烹や宿でも、緊張して気を遣い、靴を揃えてしまう。

しかし、脱いだまますっと座敷に上がるほうが自然である。後ろ向きに脱いだり、一度脱いだ靴を揃えたりすることにはこだわらない。そのほうがスマートなのである。

さあ、入店の関門は潜り抜けた。次は注文である。座るなり「さあ、何頼むの」とたたみかけてくる。

品書きには「若鳥焼き　時価」とある。ビビることはない。大きさによって五五〇円から六五〇円という安心価格。

「今日はいくらのがある？」あるいは常連よろしく「ロクマル（六〇〇円の意）ある？　じゃあ二つ」なんて頼むのが調子いい。

ここで気をつけねばならないことは、一人一皿（半身）を頼むことである。他で食べてきたからといって、二人で一皿なんて頼もうものなら、「おとといおいで」と返されちまう。

さあ、女将さんと会話をすると、飲んできたことがばれちまう。

「あんた飲んできたね。うちは飲んでくる人は、お断りだと言ったでしょ」

「鳥房」ではいつも、他で飲んできたことを隠そうと思ってもばれて、怒られてしまう。

「すいません」でも殊勝に謝ると、

「しょうがないわねえ」と許してくれる。

隣の赤い顔したお客さんも、

「あんた飲んできたねえー！」と、大きな声で叱られた。

「飲んできたら、なんでいけないの？」と、お客さんが聞けば、

「当たり前でしょ。二軒目じゃ飲まないし食べない。だからよ！」

「今日はいっぱい食べるし、飲むから頼むよ」とお願いすると、「今日だけだよ」と、にっこり笑う。この駆け引きがうまい。自分のペースに持っていって、引き込む。叱っておいて優しくする。おそらく計算はまったくしていないのだろうが、押し引きとツンデレを巧みに使って、客を虜にするのである。

最初に叱ることは、誰でもできるかもしれない。しかしその後に優しくすることは、もっと重要なのである。会社員時代は、部下にも使った。また例が少し違うが、謝罪にも使った。

部下のミスで、相手の仕事に穴を開けた時など、部下のことや自分自身の指導を怒る。徹底的に怒る。自画自賛ならぬ、自画自怒である。

すると先方が次第に冷静になって、そこまで怒らなくとももという雰囲気になってくる。そのタイミングで、やんわりとした態度に変えるのである。

この店で叱られてもなぜか気持ちのいい余韻があるのは、そのせいかもしれない。

おばちゃんたちの口は悪いが、根は優しいのである。例えば、鶏の唐揚げが運ばれてきた時に、その優しさが垣間見える。

揚がるのを待つ間、ポン酢刺しでぬる燗をやっていると、「若鳥唐揚げ」が登場する。

「あんたたち、うまく食べられる?」

皿を置いた女将が尋ねてくる。

「はい大丈夫です」と言ってもその後の食べ方を叱られそうだし、「うまくできません」と言っても怒られそうである。

返事を逡巡していると、すかさず気配を察した女将が言う。

「しょうがないわね。今回だけさばいてあげるわよ」

紙ナプキンと割り箸を使い、三十秒ほどで食べやすいようにさばいてしまう。

「今のよく見た？　次からは自分でさばくのよ」そして最後に、

「半身揚げを、鶏ポン酢のタレにつけて食べるとおいしいよ」

ニコッと笑って去っていく。怒るかと思えば優しい。男はこれに弱い。

だが周囲のテーブルでは、

「あんた、何回も来てるでしょ。いい加減に食べ方覚えなさい！」

「わからないなら、教えてと言いなさい！」

「あんたっ！　まだ食べられるところ残して！　うちの鶏はきちんと中まで火を通しているから、小骨まで食べられるんだよ。ちゃんと食べなさい！」と、お叱りの言葉が待っている。

さあ、おばちゃんの怒号をＢＧＭにかじりつこう、ももからかじりつこう。

食べれば「うまいっ」と、誰もが叫ぶ、脳天直撃の味わいである。程よい塩が鶏の滋味を引き立てて、パリッと揚がった皮の香ばしさが、顔を緩ませる。クセになるのである。

店を出た瞬間から、おばちゃんのツンデレと、鶏の香ばしさが愛おしくなってくる。そういえば、あれはバレンタインの日だったか、この日もさんざん叱られて食べ終わると「はいこれ。男の人だけよ」と手渡されたのは、マーブルチョコレートだった。

point

叱ってから優しくすると、
気持ちのいい余韻が残る。

Secret 06

時間と手間をかけたものは伝わる

韓灯（月島）

「牧元さん、元気でしたか」

オンマは、ふくよかな顔を崩して、心からうれしそうに笑う。

月島の「韓灯《ハンドゥン》」に行こうと思う時には、いつもあの可愛い笑顔を思い出す。味はおそらく、東京、いや日本で一、二を争う韓国料理である。

その真っ当な、古き良き韓国料理を食べに出かけるのだが、それよりも僕は、オンマに会いたくて出かけているのかもしれない。

ある冬の夜、食事ではなく、オンマの漬ける古キムチを分けてもらいに出かけたことがある。

オンマは、冒頭の挨拶をして笑う。そして握手する。柔らかい手で握手をする。そして笑う。

「今日は寒いから、これから食事だろうけど、ちょっと飲んでいって」と、なにも入っていない鶏のスープを出してくれた。

丁寧に、時間をかけてとられたスープには、雑味が一切ない。鶏の純粋なうま味が滋養となって、舌を、喉を過ぎ、胃袋に落ち、細胞の隅々へと染み渡っていく。

これが「韓灯」のスープだ。他のうま味に頼らない、素朴な食材の生命力だけを、ただひたすら抽出させたスープである。

「うまくなれ、うまくなれ」と、念じながら、火加減を小まめに調節し炊き上げたスープである。

「ふうっ」スープを飲み終え、充足のため息をついて顔を上げる。するとオンマがやって来て聞く。

「おいしかった？」

「そう。よかったあ」と、また可愛い顔で笑う。

うん、僕はやはりオンマに会いたくてこの店に来ている。料理にあふれたオンマの愛を食べたくて、この店に来ている。

彼女の料理は、母や祖母から厳しく教えられた、昔ながらの手間暇かけた真の韓国家庭料理である。それを、忠実に作り続けている。砂糖は一切使わず、甘味には果物を使い、スープも恐ろしいほどの時間をかける。味噌も手作りで、添加物を加えず、旬の食材の味を優しく出す。活きのいいひしこ鰯で手作りした塩漬け「メッチュ」は、小松菜のキムチを熟成させたものを混ぜ込んで、熟《な》れた塩気、煮干しのような香りを混ぜ合わせる。

「韓灯」のスープ

白菜や大根、エゴマのキムチも、野菜のみずみずしい力が胸を打つ。「ポッサム（皮付き豚バラ肉の包みもの）」は、複雑なうま味のヤンニョム（特製ダレ）が、豚の甘味を引き立て、箸が止まらない。

「ホルモン鍋」は、牛の特定部位の脂で作られたタテギ（調味ダレ）により、味の切れがよく、滋味が深い。

澄み切った味わいの、冷麺のスープ。沸く寸前の温度を保ちながら、鍋につきっきりで十時間、できれば二日間かけて作る、白濁させないテールスープの滋味。テンジャンチゲや納豆チゲの、奥深く、懐かしく、体をいたわる味わい。

質のいいドジョウが入った時だけ作る、煮て、頭まわりの硬い骨を一匹ずつ、手先と手の平を使って一日がかりで取り除いた、優しい味の「チュオタン（ドジョウ汁）」。

時間と手間をかけねば、生まれないものがある。僕はそのことを、「韓灯」で学んだ。

それは先人たちの英知を忠実に守り続ける、自然への敬意に満ちた味である。韓国料理は辛いという印象がある人は、この店に来て食べるといい。

「韓灯」の料理は、本場韓国でもなかなかお目にかかることができない。それは日本の郷土料理となんら変わらない、穏やかさに満ちていて、毎日食べても飽きない力強さがある。

オンマの金《キム》順貞《スンジョン》さんは、七十四歳。韓国の南端、慶尚南道の統営《トンヨン》市で生まれ、三歳の時に九州の小倉に渡った。十九歳で結婚し、三男一女をもうけ、三十二歳の時に、夫が他界した。

お店を小倉で始めたのは、四十二歳の時である。育ち盛りの子供に肉を食べさせたい。その思いで始めたという。

子供たちに食べさせたくとも、家では近隣に匂いが漏れて迷惑かもしれない。外食すると肉の質や味付けが違い、食べられない。それに高い。

ならばいっそのこと店を始めれば、腹いっぱい食べさせられるではないか。そう思い立ったのだという。

長女だった彼女は、物心ついた時から厨房に立っていた。料理上手な母は、父や兄のため、毎朝夕、卓に乗り切れないほどの料理を作ったという。醤油も味噌も、手作りだった。「胡瓜は胡瓜。茄子は生まれない」やりすぎはいけない、過剰な味付けは食材をだめにする。新鮮なうちに使い切る。母の言葉には、そんな戒めが込められていた。

当たり前のことでありながら、現代の家庭料理から忘れられた、誠実な料理である。利便性を優先する現代が失った、贅沢な味である。うま味調味料を使わず、砂糖を使わない。砂糖の代わりは蜂蜜か、梨やりんごを使う。舌に染み込んだその味を提供し、小倉で評判を得た。そして十年前に東京へ。

四人の子供を女手一つで育てるのは、さぞかしご苦労が多かったろう。話を聞くうちに、「このまま心中しようかとまで思った、かなりつらい時期がありました」と寂しげな目をした。

しかし、その時に支えられたのは、食べ物だった。食べ物は裏切らない。おいしいねと言いあえば、笑顔が生まれる。

母はいつも言っていた。

「いくら泣いても、おいしいものを食べた時には、涙が出ない、泣いて食べる人はいない」

食べ物は生きる力、喜びを与える。

「食べ物に感謝しています」彼女は何度も言う。死のうと思うほどの状態が続いても、おいしい食べ物があったからこそ、励まされ、懸命に生きてこられた。

そのために、一切手を抜かない。いい加減な食材は使わない。

先のテールスープも、息子に任せている時、一瞬沸騰したのを見て、鍋をひっくり返して作り直させたこともあるという。

韓国の伝統に従い、極力手を使って料理をする。指輪もせず、爪も伸ばさず、常に清潔にし、キムチを作る時も、手袋をしない。

食材に、料理に愛されているのだろう。そんな彼女の手は、白く柔らかく、つやつやと輝いている。

「ポッサム」「チュオタン」「タッカンマリ（丸鶏の鍋）」などの母の得意料理は、今の店にも受け継がれ、他にはない名物としてお客さんに愛されている。

いずれも、都内のどの店で食べるより、うま味がきれいで深みがあり、味に誠実が染みている。韓国料理であるのに、どこか懐かしさがこみ上げる。

今思い出すのは、九十一歳で他界した母の言葉だという。

「若い時はみんなきれい。でも五十、六十になってからの人生は、自分で歩んできたことが顔に出る。食べてきたものが顔に出る」

そう訥々《とつとつ》と話す彼女の顔は白く、つやつやとして、福々しく、愛らしく、幸せに満ちている。

point

誠意を伝えたいなら、
時間と手間を省かない。

Secret 07

いい習慣や伝統は変えずに残す

みぢゃげど（根津）

「あーら、牧元さん。お久しぶりだねえ。会いたいわー。私はすっかりおばちゃんになっちゃったけどねえ」

六年ぶりに電話した。電話口からは、元気よく、可愛い、津軽なまりの女将さんの声が返ってきた。変わらない。女将さんに、無性に会いたくなった。

根津の「みぢゃげど」は、今では珍しくなった、津軽料理の店である。日本に生まれたことを深々と考えさせ、そのありがたみを体に染み込ませてくれる。

厳寒の地で長く培われてきた郷土料理の力強さと素朴さを、民族の知恵を、なんのてらいもなく、味わわせてくれる、貴重な店である。

ややもすると朴訥な味すぎて、都会の雄弁な味に慣れた人にはピンとこないかもしれない。

だが、なんとも連れて行きたい人に出会って、久しぶりに電話したのである。

その人は、味だけではなく、味の背景に隠された母の愛情も、店に漂う雰囲気も、女将さんや親父さんの人柄も愛してくれるはず。そう思うとお誘いせずにはいられなかった。

まあそんなエラソーなことより、誘うのを理由にして、自分自身が行けることが大きかったけどね。

「おいでさまです、牧元さん」

扉を開けると、すぐに女将さんが現れて、快活な声と方言で挨拶をしてくれる。

「元気だったあ？　私？　私はこの通り、元気ですよお」

薄茶の絣《かすり》の着物に、赤いたすきをした女将さんが笑う。

赤い唇から笑みがこぼれ、ちょっとたれ目の小さな目が細くなる。可愛いなあ。素直にそう思う。

北澤美枝さん、八十四歳。津軽郷土料理の店「みぢゃげど」を、ご主人とともに三十八年間営む女将である。

店では、女将さんが料理をすべて作り、元呉服店で現在は美術商のご主人がサービスをする。ご主人もまた温和な方で、ゆっくりとした口調でしゃべる津軽弁は、果てしなく優しい。

女将さんの実家である石場家は、弘前藩の御用商人として藁《わら》工品等を取り扱ってきた豪商で、二十代続く旧家である。JRのポスターにもなった生家は、重要文化財に指定されている。

美枝さんが育った頃は、大勢の使用人を抱え、兄弟の一人一人に「あだこ（子守）」がついていたという家である。

客を招いての宴席が多く、その際に長女である美枝さんは、家督を継ぐ長子として、祖父、父に続く上座に座った。幼女であっても、馳走を食べ、盃に注がれた酒を飲む仕草もしたという。

料理がしたくて六歳から台所に入り、小さい包丁をもらい、祖母の手ほどきを受けた。「差がないように切りなさい」大根や人参を同寸に切るよう、厳しくしつけられた。難しかったが、楽しくてしょうがなかったという。

「みぢゃげど」で出されるのは、津軽郷土料理である。いや、ただの郷土料理ではない。手をかけた、石場家伝承のふるまい料理、客膳である。

冬ならまず、「味付け身欠き鰊《にしん》」が出される。茶色に染まった鰊を、噛む。噛む。噛む。口の中で味わいが、ゆっくりと、時間をかけて深みを増してゆく。鈍っていた味蕾が動き出す。

続いて出されるのは「茸《きのこ》のおろし」。さもだし（なら茸）、なめこ、さくらしめじに舞茸が、大根おろしと和えてある。

茸採り名人を自負するご主人が採ってきた茸で、噛めば山の香りが弾け、ほのかな苦味や微かな甘味が舌に流れ出る。

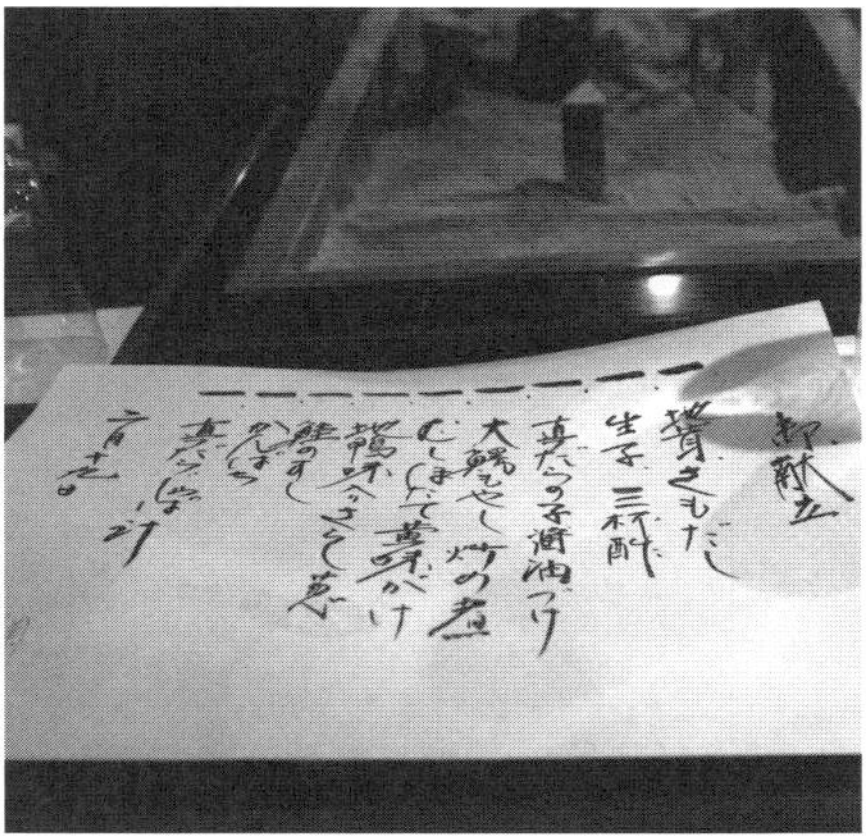
「みぢゃげど」の、ある日の献立

「八甲田山、白神山地に採りに行くんだ」と、子供のような笑顔を浮かべ、うれしそうに話す。
「地もやしの炒め煮」は、三百年前より大鰐温泉にて、温泉の熱を使って栽培されてきた、もやしの概念を変えるもやしである。
甘辛く炒められた大鰐もやしは、普通のもやしの三倍ほどの長さで、噛めば「ジャキっ」と音が響き、甘い、甘い。もやしのジュースが舌の上でぐるぐる回って、生きてるぜぃと叫ぶ。

可憐な黄色い山が盛られた皿は「むしほたての黄味がけ」、玉子の黄身と帆立の穏やかな甘味が心を軽くする。

「寒平目の昆布〆」見事、立派。醤油をつけずとも、そのままで。うま味がねっとりと、舌にしなだれかかる。

津軽の土間で蓋をして発酵させた「鮭の押し寿司」は、米ではなく麹で作ったものである。ゆえに香りが華やかで、食べた瞬間に笑顔が浮かぶ。

「熟《な》れずしだから、今ちょうどおいしいの。鮭漬けて四週間は当たり前だけど、弘前で今売っているのは、ご飯炊いて作ってるの。私はとても食べられない」

利便性ばかりを追い求めるようになった、現代への嘆きが滲む。

焼き干しの出汁で、柔らかく煮込まれた「でんぶ」。一口舐めた瞬間、うま味と香りに顔が崩れる「真だらの子の醤油づけ」。

「これさえあれば、酒も飲めるし、ご飯も食べられる。大好きなんだあ」とご主人が笑いながら「胡瓜の粕漬け」を出してくれた。

「胡瓜の粕漬けっていっても、東京のような甘ったがれじゃない。そんなもんじゃない、もっとおいしいの」と女将さんが追いかけて言う。

「好物？　だけど津軽料理さ。生まれたの津軽だし、大きくなったし。季節季節があるべ。旧正月に作る煮なます。ねりこみ（野菜の葛煮）、鮫なます、かいの汁、とろろ飯《まま》」

料理を語り始めると、顔に艶が差す。みなぎる郷土の誇りが伝わって、こちらまでがうれしくなる。

「うまいっ」思わず叫べば、

「あまい？　あぁうまいね。サンキューありがと」

「一杯いかがですか」お酒をすすめれば、

「だめよ、私にすすめても。ちょっとじゃ足りないもん」

お顔写真を撮らせてくださいとお願いすると、

「いいばあさまに撮れている？　すましていいとこ撮ってね。でなきゃ、また嫁にいけないもの。ははは」

北澤さんの話を聞きながら飲めば、都会の垢は剝がれ落ち、憂さはきれいに蒸発していく。

そして本日のメインイベント、「じゃっぱ汁（鱈の味噌鍋）」である。

「牧元さん。目玉と口とエラ、入れておいたからね」と耳打ちされる。ありがとう。

脂ののった白子、目玉、くちびる、弾むような身。鱈に力がある。誇りがある。鱈の生命力に鼓舞される。

そして野菜が素晴らしい。大根も人参も、鱈と拮抗するほどのたくましさがある。土の匂い、甘味、えぐみが、大地の凛々しさと温かみを内包して、食べる喜びを感じさせる。

「ぜ〜んぶ、津軽産の野菜。だからおいしいの」

野菜を褒めると、女将さんが我が子を褒められたような顔をして、自慢した。

八十代のご主人が、女将さんを呼び、

「はいよ」と答える女将さんの口調に、愛がある。

「久しぶりに会ったおばあちゃんの家に来てるみたい」ポツリと連れが呟いた。よかった。

いつも元気な女将さんだが、一度大病をしたことがあるという。

「でも、思ったの。こんちくしょう、負けるものかってね」可愛い目を細め、笑った。

三十年前に大病を患い、体重が半分になった。病院に通うバスに乗る階段の、一段上ることさえままならず、バス停に向かう坂もきつかった。

だが、津軽人の負けん気と粘り強さで、「こんちくしょう」と心にムチを打った。医者に通いながら、毎日料理を作り、接客をし、幾多の客をもてなした。

なんでそんなに頑張れたのか、聞いたことがある。

「津軽料理を伝えられて、ファンが増えることがうれしいの。まだ動けるからさ私、ありがたいと思ってるんだ。いろいろあったさ。でも人生だもん」

言葉は柔らかいが、瞳の奥に、津軽文化の担い手としての覚悟が、静かに燃えていた。

店名は津軽弁で台所への道という意味である。料理をいただくたびに、津軽の厳しい自然で育まれた恵みが、口の中でいきいきと花開く。それはまた時間と技をかけた実直で骨太なおいしさであり、体だけでなく心も育む味わいなのである。

「おいでさまです、牧元さん」

そして僕は、いやすべてのお客さんは、その声が聞きたくて、また店に足を運ぶ。

point

利便性ばかりを追い求めない。
実直で骨太なものは長く続く。

マッキーさん直伝 2
日本酒の美しい呑み方
①
親指と人差し指でおちょこを持ち
②
くるっと回転させて
口元は見えないように呑みます
③
女性の場合は
三三九度のように両手でも
日本酒を上品に呑めたら大人の一歩。

第二章

出世の極意は、
いい常連から盗め

Secret 08

相手によって態度を変えない

鍵屋（根岸）

十二月に入ったというのに、生暖かい風がコートを脱がせる。初めて「鍵屋《かぎや》」を訪れたのは、そんな夜だった。

三十歳になったばかりの僕は、すっかり闇に包まれた路地で、店を探していた。下町特有の、細く暗い路地に入り込んで三十分も迷った頃だろうか、住宅街の中から漏れる、淡い光を見つけたのである。

古き面影を残す木造一軒家で、辺りを行灯の光が優しく照らしていた。行灯には、徳利の絵が描かれ、墨痕鮮やかに「鍵屋」の文字が記されている。

店前にさりげなく置かれた大徳利、「酒　鍵屋」と白字で書かれた、紺地の長暖簾（夏は白地になる）、滲み出る穏やかな主張。これほどまでに風情ある佇まいを見せる酒亭は、東京でも少ない。

息を整え、暖簾をくぐる。

「いらっしゃいまし」

歯切れよく、抑制の利いた女性の声で迎えられた。凛々しく品が漂う言葉遣いに、背筋が伸びる。

声の主、北林谷栄さんに似た女将さんは、声をかけたままこちらを見るでもなく、カウンターの中で忙しく立ち働いている。

このあと幾度となく訪れることになるのだが、女将さんは、一切の無駄口をきかない。注文が入るたびに、「はい」とだけ答える。

ほとんどが常連で、中には親の代や祖父の代から通うなじみもいようが、どの客にも「はい」だけである。

こうした一見無愛想は、下町の老舗でよく出会う。しかしこれは、常連と一見客を区別せずに扱うという、下町気風なのである。

女将さんの動きは淀みない。寸分の狂いもない見事な燗をつけ、キリッと冷えたビールを手渡し、串を焼き、手早く肴を用意する。動きに一切の無駄がない。

無駄口をたたく前に無駄をなくせ。言い訳をする前に行動を起こせ。

その頃、仕事に悩み、上司の悪口や言い訳や無駄口ばかりを繰り返して、ちっとも前進していなかった自分を恥じて、戒められた。

現在女将さんは退かれ、谷崎潤一郎に宿題を教わったという年配の息子さんや娘さんが仕事を引き継いでいるが、仕事の流儀はもちろん、気風も受け継いでいる。

客のほうも常連だからといって甘えない。なれなれしくせず、されることも否定する。

店への愛着を、無言の中に押し抱えて、静かに飲む。それが粋な飲み方さと、この店で教わった。

皆さん姿勢がよく、行儀がよく、無駄口をたたかず、注文の間《ま》がよく、ご自身の酒量を守っている。そして、さりげなく来ては、さりげなく飲み、さりげなく帰る。

一流の飲兵衛たちが、黙々と飲みながらも、人生の喜びを歌っている。この雰囲気は「鍵屋」にしかない。

「注文の間がいい」は、この店の常連客から学んだことである。女将さんなりご主人の動きを見ていて、他のお客に酒を持っていった時、すっと酒を頼む。肴の注文も同じく、絶妙のタイミングである。

こうすると店の人も、注文を覚えやすくなる。ただし無理なく自然体でやるには、何回も飲みを重ねないといけないだろう。

以前はそうしたベテラン独酌客の聖地であったが、最近はインターネットで知れ渡ったせいか、若者も女性も訪れるようになった。大抵は四人以上（女性同士の客はお断りしている）で座敷に座り、飲んでいるうちに声が大きくなる。

しかし、独酌客は気にしていないかのような表情で、じっくりと飲んでいる。

ある日のこと、白髪の女性がそうした若者たちに声をかけた。

「黙らっしゃい」

空気が締まった。驚いて黙る若者たちに言

趣きある「鍵屋」の店内

う。

「ここは大人の憩いの場所なの。皆さん静かに時間を過ごすことを、楽しみにしていらっしゃるの。わかる？」

若者たちは静かになった。しかし思う。今度は一人で来いよと。一人で来て、飲んでこそ、酒亭の意味がわかる。人生の深さが見えてくる。

電球の柔らかな光に包まれ、黒光りする柱や梁に囲まれ、時間と酒と客の愛着が染み込んだカウンターに肘を置く。

周りを見れば、ユリが飾られた鉄の鐙《あぶみ》の花活けや、「佛國機那葡萄酒」と彫られた木の看板、酒樽に穴を開ける木槌や鉄の楔《くさび》など、時を重ねた品々がひっそりと息づいている。

「鍵屋」の創業は安政三（一八五七）年。下谷で上野寛永寺出入りの酒屋として創業し、昭和二十四（一九四九）年に酒亭として、再出発をした。

昭和三十年代になると、夜中の二時過ぎまで営業した。夕方五時からは近所の常連、七時頃からは会社員、九時頃からは落語家や芸人などが来たという。また内田百閒、ドイツ文学者の高橋義孝ほか、文士、画家、能楽師など、様々な人々が「鍵屋」を愛した。

僕も訪れる時は、一人である。独酌客が並び、ひっそりと自分の時間を噛みしめているカウンターに座らせてもらう。

突き出しの味噌豆で少しやってから、長年の糠床で漬けられたお新香を頼む。夏の胡瓜に茄子、冬場の蕪と、季節に触れる喜びを噛みしめた後は、たたみ鰯に冷や奴か湯豆腐といく。冷や奴は、切ることなく一丁そのままの豆腐が、すのこにのせられ涼しく、上におろし生姜と刻み大葉をのせて「どうぞ」と囁く。小鍋に入れられた湯豆腐は、湯気をくゆらせながら登場する。

いずれも傍らには、刻みねぎが入った長方形の木箱が「お薬味です」と言って添えられる。豆腐の後は「とりもつなべ」や「うなぎくりからやき」で一本。都合三本を、ぬる燗で飲む。いつも酒は「菊正」の上燗（約四十五度）だが、仕事で痛めつけられた日々が続くと、辛い「大関」の熱燗で心を締める。悲しいことがあった時には、甘口の「櫻正宗」のぬる燗で和らげる。

聞けば「菊正」はするすると入る飽きのこない酒で、「大関」は若い人の口に合い、「櫻正宗」は年配の方が落ち着いて飲む酒であり、堅い性格の人が好むという。

年代物の銅壺《どうこ》でつけた酒は、精神のもみほぐし方が違う。優しく、脳の奥底を包む、寛容力が大きい。

一人で飲む。ゆるりと過ぎゆく、「鍵屋」だけの時間。酔うほどに日常を忘れ、仕事を客観的に見つめ、本来の自分だけの時が、戻ってくる。

ある日、右隣に座っていたのは、八十歳ほどの矍鑠《かくしゃく》たる老紳士だった。ツイードの三つ揃いを着こなし、背筋を凛と伸ばして悠然と燗酒を飲んでいた。

煮こごりをつまみながら、親指と人差し指で挟んだ盃を、口に運ぶ姿が美しい。踊りの名人のような、自然と同化した仕草があって、酒を飲んできた年月が感じられる。

ふと手元を見ると、猪口《ちょこ》が違うことに気がついた。店で出されているのは「利き猪口」と呼ばれる、底に青い蛇の目模様が入った猪口である。だが、彼の猪口は九谷焼風だった。

特別な常連は、猪口も違うのかと感心していると、

「お勘定をお願いします」

紳士はバリトンボイスで声をかけると、ポケットより絹の白いハンカチを取り出して、猪口を包んで無造作にしまった。

マイお猪口だったのである。しかもすべての動作が飄然《ひょうぜん》として、まったく嫌みがない。

いったいどれだけの酒と酒亭に学べば、あの振る舞いが身につくのだろうか。酒飲みの後輩としていたく感動しながら、酒飲み道の奥深さにめまいを覚えた。

いつかこんな酒徒になってやる。ご老人の後ろ姿を見送りながら誓ったが、六十一歳になっても、まだその頂は遠い。

「どうもありがとう存じます」と声をかけられ、店を出る。

「いい時間を過ごしたなあ」と幸せが蘇る。

ああ。書いているうちに、また一人で店に行きたくなった。

point

常連にも一見客にも、
分け隔てなく接する。

Secret 09

先輩の仕事や技を徹底的に盗む

沿露目（門前仲町）

かつて門前仲町に、「浅七《あさしち》」という名酒亭があった。

「酒ぐら　浅七」と書かれた看板を見ながら、紺地に白で竹と雀が描かれた長暖簾をくぐる。格子戸を開けると左側には六席のカウンター、右側は板張りに座布団を敷いた、入れ込み座敷となっている。

カウンター内に立った着物姿のご主人が「いらっしゃいませ」と、ややしゃがれた低い声で挨拶する。

ご主人の後ろには一升瓶と徳利が並んでいて、壁に下げられた白短冊には、日本酒の銘柄と肴が記されている。

並びには「当店は、居酒屋です。外で飲んできた方はお断りします。お客同士の酒のやりとりもご遠慮ください」と書かれた紙が貼られていた。

酒は「群馬泉、大七、〆張鶴、三井の寿、梅乃宿、浦霞、銀嶺立山、雨後の月、三千盛、神亀」の十種類。これらを、冷たいの（冷酒）、ひや（常温）、あたたかいの（燗酒）と頼む。

一度、なぜこの銘柄なのか、ご主人に聞いたことがある。

「他にもおいしいお酒はたくさんありますが、毎年変わりなく安定した味わいを供給してくれるのが、これらの銘柄なのです」

肴は、刺身がない。ご飯ものもない。江戸時代の料理を研究し作られた、お腹にはたまらないが酒には合う料理が、二十種ほど用意されていた。

「ホタテ梅煮」「づけ」「揚げ大根」「カブの浅漬け」「焼き豆腐」等々。

それらがなんともいい。いずれも酒が進み、かつ会話の邪魔をせず、ゆっくり飲もうとも、しばらく手をつけずとも味が失せない肴だった。

つまりすべてが日本酒を飲むということに徹していて、余分なものは排除されたような店であった。それゆえに、どんな客でも合うわけではない。酒好きが、こっそりと足を延ばす店だった。

また、大勢で来る客はいない。独酌客が多く、皆静かに酒と過ごす時間を楽しんでいた。

僕も一人カウンターに座り、都会の速度に埋没した自分を取り戻した。仕事の憂さや世間の垢が剝がれ落ち、酒と酔った自分だけが残されていく。

大人には大人だけの時間の過ごし方がある。大人だけが楽しめる場所がある。それを教えてくれたのが「浅七」だった。

ある夜は、小鍋が用意されていた。小さな鍋で、蛤《はまぐり》がゆらりと揺れる。脇役が三つ葉とねぎと豆腐と、余計なものがないのもいい。まずは滋養あふれる汁を一すすりして、その味わいが口の中に残っている間に、ぬる燗を飲む。

次は本体、蛤といこう。小皿にとって、ふうふう言いながら口に入れて、ゆっくり嚙んでやれば、海のエキスがじわりと舌に流れ出る。そこへすかさずぬる燗を流し込んでマリアージュ。気分は池波正太郎か藤枝梅安。目を細めて、

「こいつぁどうも、うめえね、彦さん」と呟くのであった。

夏の名物「冷やし茄子」があった。煮汁で味をじっとりと含ませた茄子を冷やし、針生姜をのせて出す。

出汁の味と溶けあった茄子の甘味を、舌にひんやり感じながら飲む酒は、格別だった。「浅七」が閉まったと聞いた時、真っ先に思い浮かべたのがこの肴のことである。「ああもう、あの茄子で酒を飲むことは、叶わない」と、一つの時代が終わっていく寂しさを噛みしめた。

ところが、「冷やし茄子」は蘇ったのである。

同じ門前仲町に、「沿露目《ぞろめ》」という店を構えた大野尚人さんも、また「浅七」のファンだった。彼は三十代で、僕より二十五歳も若いが、なくなる寸前の「浅七」に通いつめていたという。

大人の酒場に憧れを抱き、いつかそれに似合う酒徒になってやると思い続けるうちに、自ら酒場をやることを決意した。

「浅七」と違い、「沿露目」はバーのような内装である。奥に伸びたカウンター席だけの店で、カウンター内には白いバーテンダー服に蝶ネクタイをした大野さんが立っている。

「沿露目」の鰯の梅煮

酒の揃えがよく、「京の春、王祿、旭菊」などに始まって、一般的な「白鷹、菊正宗」も置いてあるのがうれしい。

肴は、酒が進んで困る「鰯の酒盗焼き」、美しくふっくらと煮た「鰯の梅煮」、骨出汁でいただく「湯豆腐」に始まり、胡麻の香りを利かせて生姜と茗荷を加えた「鯵のたたき」、香菜のアクセントがキスの淡い甘味を生かす「キスとパクチーの南蛮漬け」、肉の味が口いっぱいに広がる「ビーフ焼売」、甘辛い醤油ダレをつけて食べる「レバテキ（牛レバーのステーキ）」など、幅が広い。

だが、いずれもおいしいながら、うまさが出すぎることなく、酒と我々の心を静かに支える肴である。これもまた「浅七」の教えであった。

大野さんが「浅七」のファンであることを知って、

「夏には冷やし茄子をやられるんですか？」と聞くと、

「はい。今考えているところです」と恥ずかしそうに答えた。

夏の盛りになって思い出し、再び「沿露目」に出かけると、品書きの片隅に「冷やし煮茄子」と書かれている。

思わず注文し、酒は「浅七」を偲んで、「群馬泉」をひや（常温）でお願いした。

針生姜を敷いて煮汁を張った、涼しげな器に入れられた一本の煮茄子を箸でちぎり、口に運ぶ。すぐにはつぶさず、舌の上でもてあそぶようにしてからぐっと力を入れると、冷たい煮汁が湧き出て口を満たす。

茄子は静かに甘く、煮汁が染みて、くたりとムースのように崩れていく。すかさずそこで酒を一口すする。「群馬泉」の、柔らかくてじんわりとしたうま味が、端正な出汁と茄子の風味と合わさって、これぞ居酒屋ならではの幸せである。

酒を飲む、飲む。茄子はおいしい。しかし酒より出すぎず、半歩下がって酒を支えている。そのことがなによりもうれしかった。単に料理を真似たのではない。憧れた先達の、精神の真髄を見抜き、実直に料理を作った心地よさが、そこにはあった。

そう大野さんに伝えると、

「まだまだ、遥か遠い道のりです」と、はにかんだ。

そうかもしれない。でも僕らには、「浅七」の教えを唯一受け継ぐ「沿露目」がある。

大野さんが僕の歳になった時には、もう僕はこの世にはいないかもしれない。しかしその時には、カウンターにずらりと素敵な酒徒が並んで、静かに酒を飲んでいることだろう。

自分の時間と見つめあいながら、ゆっくりと盃を運び、味の精度が高められた「冷やし茄子」

をつまんでいる。と、また一人客が入ってくる。

「いらっしゃいませ」

大野さんが声をかける。

歳を帯び、「浅七」のご主人のようなしゃがれた声になった大野さんが、声をかける。

point

憧れの先輩を追いかけながら、
「自分流」を築いていく。

Secret 10

クレーム対応で相手を納得させるには

大はし（北千住）

変わらぬ光景は、古き良き時代を偲ばせる。そこへこのかけ声がリズムを作る。四代目の親父さんは、御年八十数歳。店に入れば「オーいらっしゃい。オー何人？」と声をかけ、席に座れば「オー何にする？」と、聞いてくる。なにしろ腹から声が出ているので、気持ちがいい。空きっ腹に声が響いて、「さあ、飲むぞ」という気分を盛り上げる。

もはや伝承芸能といってもいい。よく観察していると、親父さんと息子さんが二人でいる時は、息子さんは静かである。親父さんが席を外すと、息子さんが声を太くする。

彼らは、このかけ声の大事さを知っているのだろう。野太い声が、もてなしの心を引き締め、客を潜在的に心地よくさせるのを、知っているのだろう。

それでなければ、親子二代で、かけ声スタイルを伝承することなどあり得ない。

一度ひょんなことから、このスタイルを真似したことがある。部下の失策で取引先の仕事に穴をあけて、先方から激しく叱責された時である。

人は叱責されると動揺し、声が小さくなり、高くなる。しかし「大《おお》はし」のことを思い出し、ゆっくりと野太い声でしゃべってみた。

正直に言えば、どう謝っても怒られるに違いないという思いと、謝っても修復できる問題ではないという思いがあった。ならば、自分を冷静に保つために、相手には失礼だが、客を気持ちよくさせる「大はし」の親父になってやろうと、突然考えたのである。

するとどうだろう。相手がメンツをつぶされて怒っているのか、部下の対応が悪かったせいなのか、今回のことで先行きへの不安が高まっているのか——怒りの要点が見えてきたのである。

自分の動揺が抑えられたせいかもしれない。不思議なことに、淡々と「大はし」の親父になっていると、相手の怒りも収まってきた。

以来、謝罪ごとやクレーム対応等で「大はし」スタイルを施行すると、効果の出ることがわかってきた。

腹から声を出し、ゆっくりとした口調でしゃべっていると、丹田に力が入り、気も据わってくる。相手に無言で「落ち着いてください」という効果があるのかもしれない。

もちろんこの時は、「オーイ」等とは言わない。

どうでもいいことかもしれないが、「大はし」の「オー」の親父の発声を捉えれば、「アー」とも断定できない、中間の発音で「オァー」といいましょうか、その曖昧さが逆に心地いいのである。

言葉の語尾も、「オーいらっしゃい」ではなく「オァー、らしゃぁ〜」。「オー何人?」ではなく「オァー、なんに?」である。

初めての客は、何を言っているのかわからないこともあろう。だがこの曖昧語尾が、妙な間とリズムを生んで、「大はし」ならではの雰囲気を形作っているのである。

煮込みを頼めば、「オァー来た、煮込みひとぉーっ」と快活に声を響かせる。

料理を運ぶ時、煮込みを皿に盛る時、奥に立ち勘定を計算する時など、独特の軽やかなステップも健在である。誰でも、この「大はしリズム」と「大はしダンス」に触れりゃあ、愉快になる。

しかし一方で、常にお客さんの動きに目を向けている。厨房との境の奥に立ち、左足でリズムを取りながらも、真剣な眼差しで、お客さんに目を光らせる。

その気配は、まるで剣の達人である。手を上げて頼むなら、その手を上げる〇・五秒前に気づいて、「オイ」と笑顔になって駆け寄り、注文を取りに来る。

また笑顔がいい。真剣な顔から、優しい笑顔になるその変化がいい。

親父さんのファンが多いと聞くが、おそらくこの笑顔と声に会いたくて、訪れてしまうのではないだろうか。

「大はし」の名物は、「煮込み」三二〇円。天井に下げられた短冊には、「名物にうまいものあり北千住/牛のにこみでわたる大橋/千住名代牛にこみ肉とうふ」の名文句が書かれている。

「肉とうふ」は、煮込み鍋で煮込まれて味の染みた豆腐と煮込みの盛り合わせである。

また、品書きにはないが、「とうふ」と頼めば、豆腐だけが二つ。

盛られるのは平皿で、長年注ぎ足しつつ煮込まれてきた煮汁は、醤油とざらめによる味付けだが、決して醤油味や甘味が勝つことなく、こっくりと甘辛く、丸い味わいである。そこに牛肉のうま味が溶け込んでいるのだから、たまらない。

肉は牛カシラ肉とすじ肉のみ。滋味を含んだカシラ肉は柔らかく、一方すじ肉は、歯の間でプリリと弾んで、コラーゲンの甘味を滲ませる。ふにゃりとなって甘い豆腐もぜひ。
大抵の客は、まず「煮込み」か「肉とうふ」を頼み、焼酎の梅エキス割りかぬる燗で開始する。

「大はし」の味の染みた豆腐

ちびちびと、しみじみと、煮込みをつまみながら親父さんの「オー」と客の喧騒をBGMにして酒を飲む。都会の汗やしがらみが抜け落ちて、「大はし」で飲んでいる幸せが、体の底からせり上がってくる。

赤貝やマグロ、〆サバといった刺身類も豊富で、「あら煮」や「やりいか煮」や「カニみそ」、「白子ポン酢」や「まぐろぬた」といった、酒飲み心がくすぐられる肴もいい。

また「とんかつ」「串カツ」「オムレツ」「カニコロッケ」といった洋食系の品書きがあり、これで酒を飲んでいる人が多いのも、下町居酒屋風である。

僕ならまずは「煮込み」と言って、次に「揚げ出し」か「ポテトの唐揚げ」を頼む。「揚げ出し」は揚げた豆腐であるが、他店のように出汁につかっていない。揚げた豆腐を生姜醤油につけて食べるのである。また「ポテトの唐揚げ」は、フライドポテトであるが、唐揚げと命名しているところが、下町らしい。

豚のコマ肉が入った「オムレツ」も定番で、ウースターソースをかけながら、酒を飲むのがたまりません。

「大はし」は連夜満席。十年ほど前までは五十歳以上のオジサン、それも独酌客しかいないオジサンの聖地だったが、今は客層が広がった。

インターネットの影響だろうか、二十~三十代の客やカップルもいる。同僚、部下、あるいは彼女と行っても、フレンチとは違う非日常感が味わえることを知っているのだろう。

しかし、できれば一人でも行ってほしい。一人でじっくりと飲み、ゆったりと自分の時間が戻ってくる感覚を味わってほしい。

常連は座るなり、何も言わずともキープした焼酎のボトルが目の前に置かれ、梅エキスとソーダのセットが置かれる。その姿がかっこいい。

東京に住む。東京で働く。その恩恵は、都内各地に点在するこうした老舗居酒屋で飲めることにある。いずれも都心から外れたところにあるが、なあに電車に乗って二十~三十分だ。メンドーだと思うなら、食への好奇心は捨てたほうがいい。わずか三〇〇〇円以内で、東京在住者の特権が得られるのだから。

「オァー、ありがとぅ」

親父さんの声を背中に受けながら外に出る。その時、客は知る。心が温まったのは、煮込みと燗酒のせいだけではなかったことを。

point

ゆっくり落ち着いて話せば、
相手も冷静さを取り戻し、空気が和らぐ。

Secret 11

基本を守りつつ新しさも加える

シンスケ（湯島）

「こんばんは」

縄暖簾をくぐる。曇りガラスに「シンスケ」と透かした腰板引き戸を開ければ、「いらっしゃいませ」と、声がかかる。

創業大正十四（一九二五）年。「シンスケ」は、学者や文士など粋人たちに長く愛されてきた、日本を代表する居酒屋である。

最近はインターネットで情報を得た若い客も増えたが、客のほとんどが四十代以上で、酔いすぎることなく、大声を出すこともなく、整然と飲んでいる。

「正一合《しょういちごう》の店　シンスケ」とあるのは、日本酒を正しく一合量り売りしているという意味（関東大震災前までは酒屋だったゆえ、震災後居酒屋として再出発した後も同じやり方を通すという意思表明で付けたという）。それゆえ独特のフォルムを持つ店の徳利は、一合きっかり入る特注品である。

商いの律儀さは、店内にも凛と漂い、店に入った瞬間に背筋が正される。

酒は創業以来、秋田の「両関」のみで、樽酒、純米酒、本醸造を、冷やか燗で楽しめる。

一階はヒノキの一枚板が真っ直ぐ伸びた、小気味よいカウンター席とテーブル席で、カウンターの中には三代目と四代目が立っている。三代目は、半纏《はんてん》姿に鳶頭《とびがしら》のような細い捩《ねじ》り鉢巻きをして、燗をつける。

「シンスケ」に出かけたなら、なんとしてもカウンターに座りたい。できれば一人で出かけてスッと座り、泰然自若として飲みたい。

三十代で初めてこの店に訪れた時、いつかこのカウンターに似合う男になりたいと思った。それには歳を重ね、酒場の経験を多く積まなくてはいけないことも、わかっていた。

三十年経って、似合う男になったかどうかはわからない。だが、だいぶ自然体になってきたとは思う。酒や肴を頼むタイミングも、酒の進め方も、切り上げ方も、随分とこなれてきた。

カウンターには、一人客が多い。あるいは男性同士の二人客である。並んで座ってはいるが、他人の空間は絶対侵さない。話しかけるなどはもってのほかだが、他人の空間を侵さないというマナーは、自分自身がきちんと飲むことである。それを、カウンターに座る常連たちの様子から教わった。

例えば、最初に渡されるビニール袋に入ったおしぼりと箸袋の処理の仕方からして違う。おしぼり袋を破り、手を拭く。料理が来たら、箸袋から箸を出す。酒の達人たちは、この一連の仕草が見事できれいなのである。

いらなくなったおしぼり袋は、そのままカウンターに放置してしまうことが多い。しかし達人たちは、袋をきちんと折りたたみ、その上に折りたたんだおしぼりをのせて、左脇に置く。あるいは、袋をすっとポケットに入れて、たたんだおしぼりだけを置く。箸袋は折り目正しく折って、箸置きにする。箸を器に渡したりはしない。

手元を乱雑にせず、スカッと粋に飲む。「シンスケ」の美学に沿いながら楽しむ、その行為の一つ一つが、なんとも心地よい。

もし自分に息子ができたなら、真っ先に教えてやろうと思った。残念ながら、娘だったが。いや娘でも連れていくか。

さあ、飲む準備ができた。酒を頼み、肴を選ぼう。

カウンターの正面上に張りだされた白短冊の品書きは、代々受け継がれてきたもので、いずれも酒飲みのツボを心得た肴ばかりである。

吟味された質の高い旬の刺身類、江戸前肴の定番「ぬた」は、アオヤギや赤貝、大間の黒マグロ、あるいはねぎだけでねぎぬたにも仕立ててくれる。酢味噌の配合が絶妙で、奥深い。

深川鍋は、むき身アサリと三つ葉と豆腐の鍋。出汁に溶け込んだアサリの滋味で酒が進む。

〆たコハダは銀皮に波のしぶきが舞い、きりりとした酸味が、舌に切り込んでくる。

ふわりと甘い「エビのしんじょ揚げ」、大根に味が染み入った「カスべと大根の煮物」、ごぼうの歯応えがなまり節を引き立てる「新ゴボウとなまり節」もいい。

珍しいのは「きつねラクレット」なる肴で、油揚げの中にラクレットチーズと小ねぎを詰め、網焼きしたものである。ちょいと醤油をたらして食べると塩梅がよく、チーズのうま味と油揚げのコクが相まって、燗酒にもよく合う。

ある時、スイス人の常連客からラクレットの塊をもらい、その日にたまたまいなり寿司を作る用意の油揚げがあったので詰めて焼いたら、こりゃあいけるとなったのだという。

最初はそのスイス人だけの肴だったが、そのうち他の常連客もくれということになって、定番になった。

老舗とはいえ、こうした進取の気性もあるところが、また素晴らしい。

そして近年、四代目が加わるようになってから、少しずつ新しいメニューが増えてきた。

例えば「鶏もつのウースターソース煮」、居酒屋でよく見かける肴だが、一口食べて目を丸くした。

鶏レバーがムースのようになめらかで、ソースの甘味となじんでいる。レバー臭さは微塵もなく、微かに漂うカレー香に、胸躍る。

もともとは二代目夫人のおばあちゃんが作ってくれた味。そこに現代の調理科学を当てはめて、油を使わず低温調理しているのだという。

しかも食感の違いが楽しめるように、レバーだけでなくハツも入っている。ピンクペッパーを散らし、ハツの方にだけカレー粉を少量入れて、食感と香りのアクセントをつけ、食べ飽きない工夫がされている。

「これ見よがしに、新しく変えることには違和感があります。先代までが積み重ねた仕事を整え、いびつな部分があれば正し、足りない部分があれば上乗せするのが次世代の仕事だと思っています」

四代目が店を継いでまず取り組んだのは、これまで店で出してきた数々のレシピを、味付けから食感、酒との相性まで再検証すること。そして、時代に合わせた調整が水面下で行われた。秋の「椎茸マリネ」は、油っぽい味を控える現代の嗜好に合わせて、元のレシピの半分のオイルで美味しくなるように調味料の分量や漬け込む順番を工夫した。そして、海外の客やベジタリアンが増えてきたので、胡麻和えの胡麻だれから砂糖、鰹出汁、みりんを外し、メープルシロップと水をベースにした。

煮物の基本たる出汁も鰹節だけでなく、鶏胸肉ぶし、ドライトマト、ポルチーニ茸と様々なエキスを組み合わせて単調にならないようにしているという。

「非日常のハレ場たるレストランと違って、酒場は日常的に訪れるケの空間。酒肴は奇をてらわず、あくまで見た目ふつうな定番がいい。そこに智恵と技術を込めるのが我々の仕事だと思っています」

古い料理をどこか新鮮に、新しい料理はどこか懐かしく、メニューの中にすっと溶け込んでいる。

こうした試みは料理だけではない。最近では五年以上かけて、瓶ビール専用グラスを開発特注した。一見すると素っ気ない普通のグラスだが、泡の立ち方やホップの苦味だけを引き出す工夫が凝らされている。

「世に『完成されたもの』があるとしたら、時が経過しても古びないものだと思うんです。言い換えると、つねにいま現在において受け入れられ続けること。目標は『方丈記』であり、『いちご大福』です」

伝統を守る、老舗の味を引き継いでいくということは、かたくなに安住することではない。変えない決意と変える勇気のバランスを取りながら、温故知新を考え続けることなのかもしれない。

これからが楽しみだ。「シンスケ」は、まだまだ僕の学びの場なのである。

point

世間を読み、
いい部分は残して足りない部分を上乗せする。

出世酒場フォトギャラリー

「森清」の芋サラダ　（➡ P025）

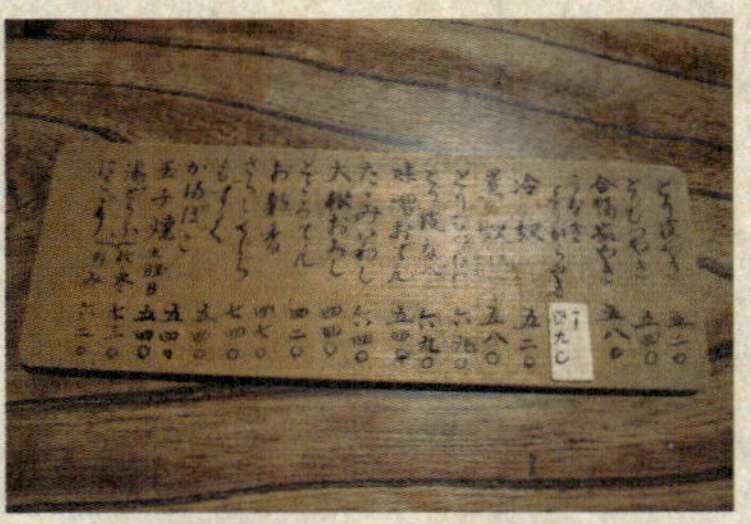

「鍵屋」のお品書き　（➡ P068）

「珉珉」の炒麺　（➡ P032）

「韓灯」の女将と　（➡ P051）

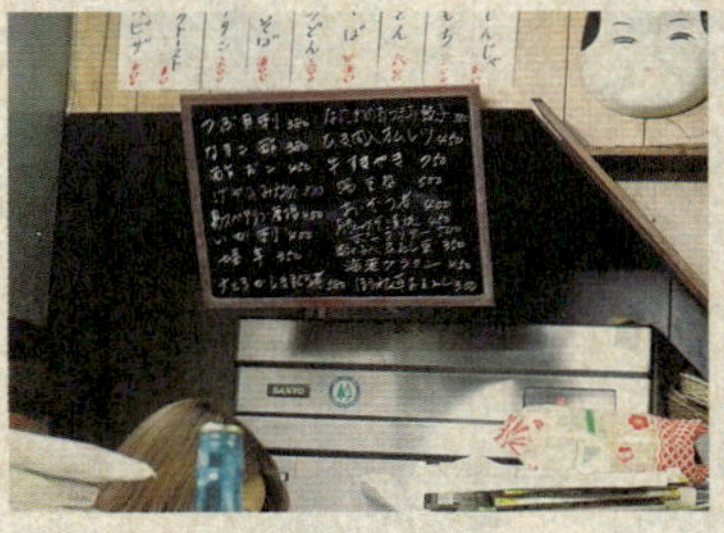

「岩金」の店内　（➡ P128）

「たまる」の突き出し　（➡ P138）

「ニューカヤバ」の焼き台　（➡ P113）

「みちゃげど」のじゃっぱ汁　（➡ P058）

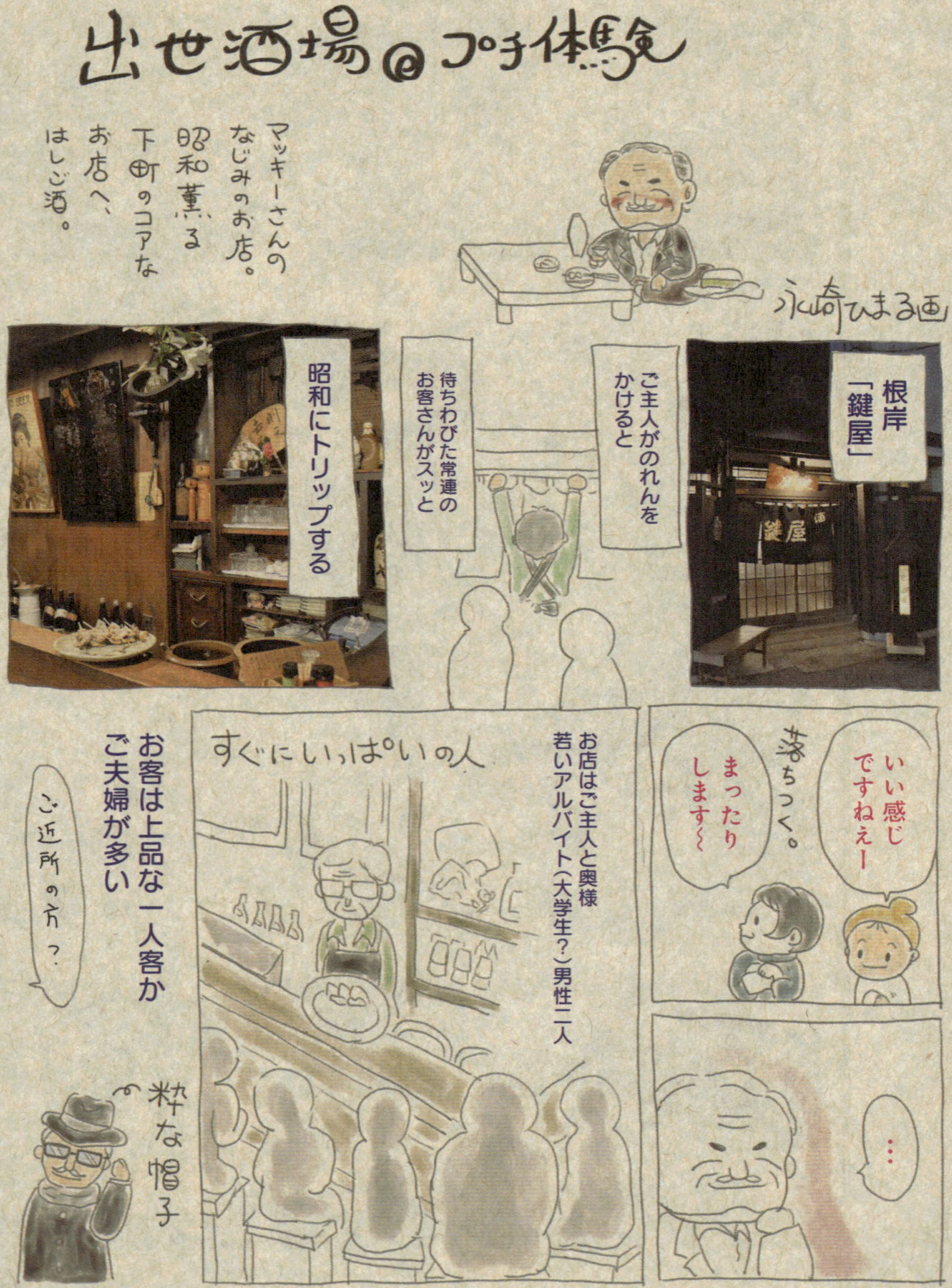

出世酒場@プチ体験
マッキーさんのなじみのお店。昭和薫る下町のコアなお店へ、はしご酒。
永崎ひまる画
根岸「鍵屋」
ご主人がのれんをかけると
待ちわびた常連のお客さんがスッと
昭和にトリップする
いい感じですねえー
まったりします〜
落ちつく。
…
お店はご主人と奥様 若いアルバイト（大学生？）男性二人
すぐにいっぱいの人
お客は上品な一人客かご夫婦が多い
ご近所の方っ？
粋な帽子

冷奴
お新香
タタミイワシ
うなぎくりから焼き
かまぼこ
うわー どれも おいしい!!
お酒に合いますね
うなぎくりから焼き ウマーい
私たちがいる間に客は三回転はしていた
まだ一時間しかいないのに
かけつけ一杯。さっと飲んでさっと出る。粋な客。こちらのお店、女性一人の入店はNG。
昼のお店も良かったですね
ねー
日本橋「利久庵」
老舗のそば屋
カツ丼にカレーそばににしん定食。それからポテサラと納豆

見渡すと
他の客も
そばではない
お待たせしましたー
カツ丼としょうが焼?
カレー蕎麦
納豆
カツ丼
ポテサラ
モァ
カツ丼はフタが蒸してうまさを際立たせる。
フタ重要。
カレーそばおいし〜カツ丼も!!
そば屋さんだから出汁がいいからですね〜
ポテサラもナイスサブ♡
にしん定食
にしんデカ
数の子2つ
カズノコ
カズノコ

納豆は混ぜる時
一定方向にだけ
にはしない！
マッキーさんの
混ぜるコツ
これでフワワ〜〜
残ったご飯にブっかける
たしかに
ご飯余るからね
納豆、良いね！
ハシゴ酒
二軒目へ
ゴー
ブーン
湯島
「シンスケ」
中は写真NG
なので頑固親父の
店かと思いきや
あれ？
良い雰囲気
息子さん
ご主人
いらっしゃーーい。
お客さん同士が
写真でモメ
ましてね〜
お客様を
考えての
禁止。
小綺麗な
お店です
樽酒
外国人客
着物の
女性
客

料理も丁寧
岩石揚げ
大間の黒まぐろ ぬた
きつねラクレット
この一合入る徳利は九谷焼のオリジナルです
酒によってデザインが違う。常連は「アオクビ」とか言うらしい〜
シンスケ
両関
シンスケ
シンスケ
一合入る徳利って実はなかなかないので作りました！
ほほう
こだわりました
唇にあたる物は食には大事なんだよね
へー
うちは鰹出汁に頼らずに練り胡麻 メープルシロップ 醤油 水で出汁を作ります
へー!!
ちなみに入口にある大きな玉は杉玉といって
シンスケ
これが新しくなると「新酒ができました」という印だとか
ここの日本酒の銘柄は両関のみなんだよ
それまたいさぎよい〜

三軒目へ移動
門前仲町「沿露目」
隠れ家的な…
キイ
満席
ふわー狭い！
立ち飲み客もいる
へりっ
ご主人は若い方
動きがいい。
バーカウンター的な
横並び
料理は季節色豊かです
干柿バター
富山ホタルイカとのびる黒七味酢味噌
鹿児島新筍土佐煮
くわいチップス

日本酒は色々な種類が
マッキーさん次から次へ試し飲み
私達にもついでくれる
おちょこと箸置きかわいい。
わー のびるの料理があるんですね
春ですねぇ
頼むか？
こんなの
手作りと季節にこだわる
何とこちら秋には店内に柿も干されるらしい
マッキーさんお店の方の呼び方って色々あるじゃないですか？
マスター・店主
大将・オヤジ
オーナー・etc…
どれがよいの？
どんどんお酒をつぐマッキーさん
「ご主人」と呼べば失礼がないよね
年下に見えても敬語で丁寧に話す事が大切だよ
なるほど。
酒場は礼節あってこそ
マッキー牧元

出世酒場のプチ体験

マッキーさんいわく
良い酒楽しい酒は
二日酔い
しないそうです
カンパーイ
しこたま飲んだ
けれども
楽しくおいしく
だったからなのか
二日酔いは
まったくナシ
しかし…
足がパンパン!!
ひ〜〜
ダンナ様に足を
もんでもらう
事態に
水分は
物理的〜
象足
パオ〜〜ン
いてて
いてて
ギュッ
ギュッ
夫
次の次の日
取材二日目
ようやく
水分抜けた
歩けないよう
こん
ちはー
また
よろしく
お願い
しまーす
ハーイ
よろしく
私 飲み
慣れないせいか
足がパンパンに
なりました
私も
二日酔いは
しなかったんです
ケドねー
休みに
してたんで
ぐったり家で
してました
マッキーさんは!?
次の日
普通に
飲みに行った
鉄人!!!
茅場町
「ニューカヤバ」

これまた知らないと素通り的な店
ガレージの奥だよ
しかしサラリーマンがどんどん入っていく
ガラッ
すっ
そして私たちが入っていくと
女性は入店しちゃダメだよ!!!
ひゃっ
白い目
えええ
あーごめん女性ダメみたい他の店で待っていてくれる?
いつも一人だからさ～
ということで近所のちょっとイカした立ち飲み屋へ――
自家製サングリアなど
チン☆
これはこれでいいですね
ワイン好き
ほどなくしてマッキーさん来る
あっ
なんかね女性一人付き添いなら良いケド それ以上はダメなルールなんだって
へー

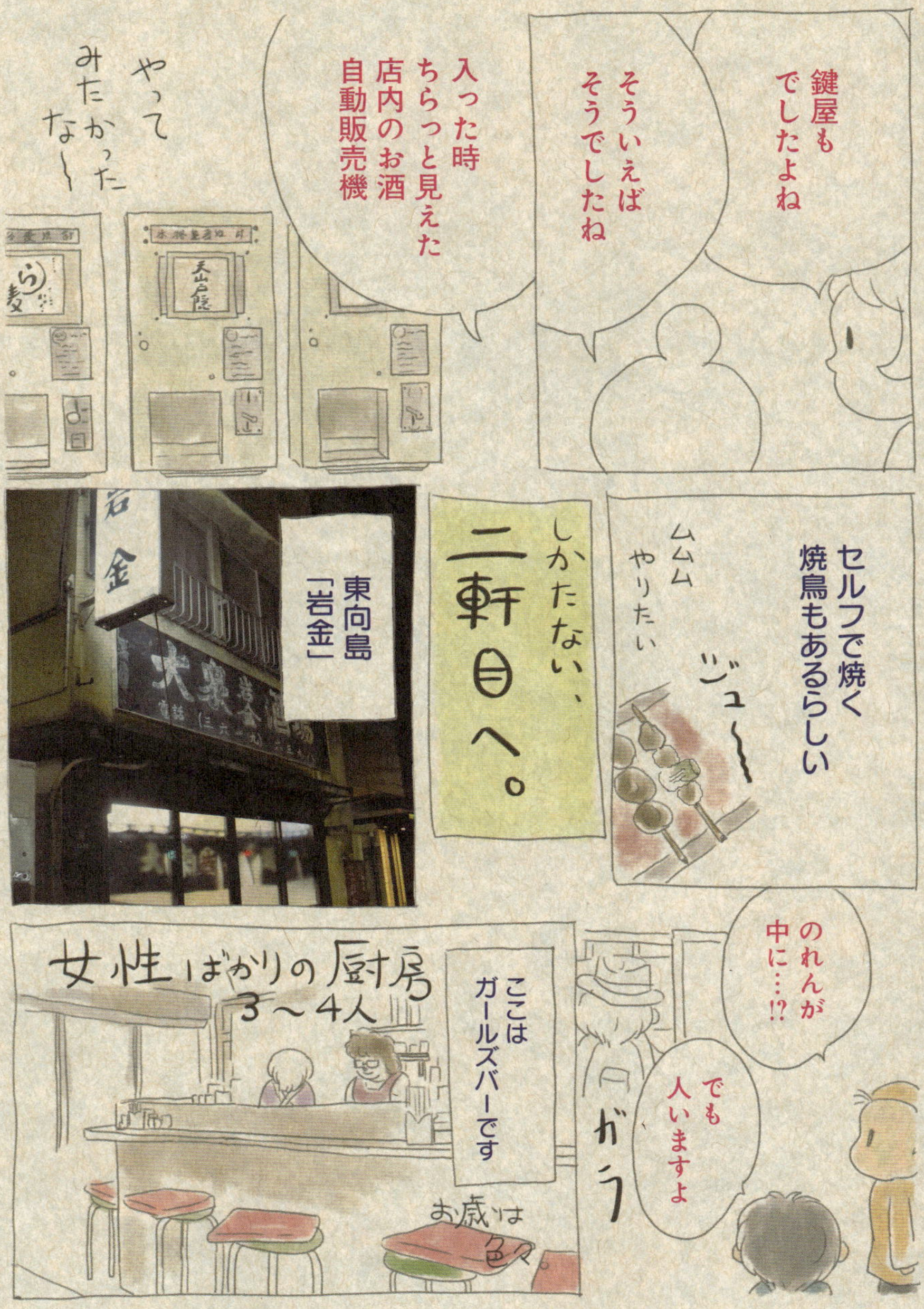
鍵屋もでしたよね
そういえばそうでしたね
入った時ちらっと見えた店内のお酒自動販売機
やってみたかったな〜
セルフで焼く焼鳥もあるらしい
ムムム やりたい
ジュ〜
しかたない、二軒目へ。
東向島「岩金」
岩金
のれんが中に…!?
でも人いますよ
ガラ
ここはガールズバーです
女性ばかりの厨房 3〜4人
お歳は色々

まずは
〝ボール〟で
カンパイ
ヤングホープ
自分で作るハイボール
これね
コツがあるんだよ
ぐぐぐ…
タメて…
そりゃ
カプププ…
カッドァ
失敗すると〝ホープ〟暴れます
ドビァアっ
ひゃー
何が
いいですか
メニュー
いっぱい～
ナポリタン
私も
食べたい!
あ～～
ナポリタン
食べたい
それは
シメにね
このお店
ガッツリも
充実してる
ようだ
ボールで
カンパイ
やっと3人で
チン

母の味
ハムカツ
ベーコンエッグ
ほっとする味だにゃあ
ですね
ポテサラの入れ物!!
レトロ～
てか、カキ氷用?
おお!!
そしてガールズバーらしい
カウンターのザブトン
ピンク
いいっすね
いいっすね
そしてナポ様
裏切りなし
初めてでもココは入りやすい
のれんは強風の為入れていた
岩金
タクシー通らない
岩金の周りは何もナイですねー
ホント

そして最後は
下町酒場の
ディープゾーン
立石へ
立石初めて
立石初めて
ディープだよ
マッキーさん
ニンマリ
高まる
期待と
不安…
ディープ？
立石には「鳥房」が
あります
このお店がある為に
立石にケンタッ〇ーは
作られないらしい。
ホカホカ
街に着くと
確かにディープ!!
「鳥房」さんも
ありました
鳥房
大東商店
697-7025

おでん「二毛作」
二毛作
この店は新しくオシャレ!!
ワインもあるし～
料理もうまい
おでん
これも おでん
ここで「鍵屋」と「ニューカヤバ」がなぜ女人禁制(?)なのか少しわかる
私たちの目の前に若い女性二人と若い男性か一人がいて
キャッ
キャッ
キャッ
若さゆえに元気があふれていた
確かにあの昭和なお店たちには少々浮きますわね――
なるほど
なんでかわかりましたね
きっと人生悟った大人の男が一人で憩うオアシスなんですわ。
FIN.

「沿露目の冷やし茄子」（➡ P076）

「ロッツォ シチリア」のヤリイカ （➡ P170）

「岩金」のポテトサラダ （➡ P128）

「柏屋　大阪千里山」の甘鯛の海老塩焼き （➡ P155）

「本店浜作」のフライ （➡ P010）

「大はし」の肉とうふ （➡ P083）

「鳥房」の若鳥唐揚げ （➡ P042）

「利久庵」のカレー南蛮 （➡ P120）

Secret 12

タイミングを見極める

ニューカヤバ（茅場町）

五年ほど前「せんべろ」という言葉が流行った。一〇〇〇円でベロベロに酔える、安くてそこそこうまく、楽しい酒場という意味である。実際には、つまみと酒で二〇〇〇円以内といったところか。何軒か回ってみたが、二〇〇〇円以内ではベロベロにはならない。ほろ酔い程度である。しかし「ニューカヤバ」は、正真正銘のせんべろ酒場であった。

ロケーションからして他の酒場とは違う。なにしろ目印が、いたって普通な民家のガレージ前にかかる赤提灯だけなのである。

店に行くには、二台止まった車の間をすり抜けていかねばならない。その奥に、縄暖簾が見えてくる。

暖簾をくぐれば、そこはせんべろ天国、大勢のサラリーマンで賑わっている。カウンターに置かれた小鉢は、鮪ブツ、蛸ブツ、おでん、甘酢ニシンが三〇〇円、鰯甘露煮、ゲソわさ、塩辛が二五〇円、きんぴら、冷や奴、板わさが二〇〇円といった調子である

いずれも盛りがよく、あれこれと頼んで、ずらりと並べてみるのも楽しい。

酒はカウンターでも頼めるが、店内の壁際にずらりと並んだ、酒の自動販売機で買うのが流儀である。

トリスに焼酎、泡盛や日本酒とあって、コップを注ぎ口の下に置き一〇〇円を入れて出てくるのは、おおよそ六〇㎖。七杯も飲んだらべろべろよ。

ビールは大瓶五〇〇円なので、せんべろ精神を貫き、酔いたければ、自動販売機だけを攻めていく。

もちろん椅子はなく、立ち飲みである。だが、世の立ち飲みとは一線を画し、酒屋の角打ちの充実版といったところか。

とにもかくにも非日常的空間なので、男だけで行くのもいいが、若い女史を連れて（ただし

男一人に女二人だと断られるので、カップルで）行っても、相当に盛り上がる。

その魅力が知れ渡り、この手の店はオジサンが占拠しがちだが、「ニューカヤバ」の年齢層は幅広い。それだけに若気の至りと申しましょうか、目に余る行為が、時折見受けられるのである。

「ニューカヤバ」の目印は赤提灯のみ

実際、何人かの不埒な若者たちと遭遇した。

といっても、誰かに迷惑をかけているわけではない。自分たちに迷惑をかけているのである。だが、まったく気づいていない。

焼鳥は一本一〇〇円。焼かれていない鳥串を購入し、奥の焼き台で、銘々が焼くシステムとなっている。

焼鳥を自分で焼く。これも人気の一つだが、一部の若者は、焼き台に鳥串を置いたらさっさと離れて、自分のテーブルに戻ってしまう。

戻るのはいい。しかしそのまま気にすることもなく、放置してしまうのである。

かわいそうな焼鳥は、水分が抜け落ち、焦げ、無惨な姿になっていく。見るに見かねて、串を返してやろうかと思うが、それでは彼らのためにはならないと、オジサンは、いらいらしながら、じっと我慢するのである。

しばらく放置を続けた彼らは、戻ってきて、「ああ、焦げちゃった」という顔をするが、「タレつければ同じっしょ」という居直りの表情を見せて、タレにどぼんと浸けて皿にのせ、また自分たちのテーブルに戻る。

まずい鶏を食べるあなたたちはいい。所詮自業自得だからね。しかし鶏が不憫だと思わないのかあ！　鶏の気持ちを考えたことがあるのかあ！　と僕は、いつもこの光景を見ながら、心の中で叫んでいる。

席に戻るのはいい。しゃべりと飲みに盛り上がるのもいい。しかし盛り上がりながらも、片隅で鶏の焼き具合を気にかけていてほしい。

こいつはきっと仕事でも、頼まれたことしかできない奴に違いないと、勝手に思ってしまう。さらには、素焼きをしないで、いきなり生の鶏をタレに突っ込んで焼き始める狼藉者もいる。最初からタレにつけられた鶏は、肉が焼ける前にタレが焦げてしまう。だからコゲコゲの黒い焼鳥を食べた瞬間、「あれ、これ生じゃね？」という会話となり、かじりかけの鳥串を再び焼き台に置く。置くんじゃない！

ソースの二度づけ禁止ならぬ、焼鳥二度焼き禁止令を、徹底してほしい。

また一方では、たくさん取りすぎてしまったのだろう、惣菜類を食べ切れずに残して帰っていく不届き者もいる。

すべてがセルフゆえに、こうした当たり前のことができない人たちが目立ち、なるべく見ないようにはするのだが、気になって仕方がない。

しかし、別の角度から考えてみよう。ここは、新入社員や転入社員と来るには最適な酒場なのである。

「しょぼい居酒屋に連れてきやがって」と、最初は思われるかもしれない。だが、店を満たす熱気に、次第に彼ら彼女らも高揚してくるはずである。

そこでルールを決める。

「今日は二〇〇〇円以内で飲む」、あるいはもっと細かく「一八〇〇円以内で飲むぞ」と、上司が宣言するのである。

そして、彼らに肴類の選択、酒の注文、鶏の焼き等を、すべて権限委譲するのである。

最初から酒代を計算して、残金分に相当する肴類をすべて買ってしまう奴はいけない。おでんや鰯甘露煮など重量級の肴を最初に持ってくる奴もいけない。塩辛等クセの強いものを最初から選ぶ奴もいけない。

肴の選び方で、相手の気持ちを思い量る心配り、会の進行をつつがなく取り仕切るセンスが見てとれる。

酒もまた同様である。最初はやはりビール、というのはいいだろう。しかし四人なら大瓶を何本頼むのか？　大瓶は六三三㎖だから、まあ通常のグラスなら三杯強だが、泡が出る分を考えると四人で一本である。

また肴は、軽い味わいから始まって、次第に濃い味やクセのある味に移行していってほしい。

「焼鳥は一人一本必ず入れること」と、事前に明言しておくことも大事だろう。

焼鳥の焼き方もチェックである。なにしろ仲間内だけでなく上司も食べる焼鳥である。

そして宴が盛り上がり、一人二〇〇〇円に到達しようとするとき、会計係はどのように皆に伝達するだろう。

「もう一杯焼酎」

「すいません、もうすでに二〇〇〇円に達しました」は、最悪だ。

その前に、いかにやんわり皆に伝えておくか。そして二〇〇〇円を超えて今夜は飲むかどうかの提案をするか。一同の気分を損なわず、仕切れるか。
酒場の仕切りは、すべて仕事の出来不出来と正比例するのである。

point

酒場の仕切りは、
仕事の出来不出来と正比例する。

Secret 13

人の好みは様々だと知る

利久庵（日本橋）

人の好みは面白い。

僕はどうも、店に入ると他の客が何を食べているんだろうかと気になって仕方なくなる悪癖がある。そこで、仔細に観察してしまう。

人の食べているところをのぞき見るなんて、行儀が悪い。失礼である、ということは重々承知しているが、自分とは違う嗜好の人を発見するたびに、自らの甘さを認識させられるのである。

嗜好は、志向であり思考であるから、「食べる」という行為の深さを思い知り、自分の食に対する幅の狭さを痛感する。

観察を続けた結果、多くの常連客を持つ古い店ほど、様々なお客さんとその好みがあって、観察のしがいがあるということがわかってきた。

日本橋「利久庵《りきゅうあん》」もその一つである。創業は昭和二十七（一九五二）年、老舗と呼ぶには若いが、それでも六十余年にわたって愛され続けている店である。

ただ、古いということをあまり自慢していない。どこにでもあるそば屋ですよと、気さくな顔をしているところがいい。

僕の利用の仕方は、三パターンある。

まずは、昼に行ってサクッと食べて帰るパターンである。そばなら、納豆そばかカレー南蛮。丼物なら、カツ丼か親子丼と決めている。

特に丼物がいい。錦手の丼の蓋を閉めて出てくるところがいい。

最近の丼は蓋がない店が多く、寂しさがある。特にカツ丼は、蓋を閉め、ちょいと蒸らした感じがよく、蓋を閉めたわずかな時間で、ご飯とカツが仲良くなるのがいいのである。肉は少し硬いが薄さが程よく、カツがえばりすぎていない分、ご飯となじみよく、絶妙の甘辛い味と合わさって、するすると胃袋に収まるのである。

帰り際に、帳場に座るご主人に聞いた。

「カツ丼の上と並は何が違うんですか？」

「上は肉を厚くさせてもらっています。ただ油の中に長くいさせますんで、すこぉしお時間をいただきます」と、にこり。

この辺りの会話の妙が、この店を好きな理由の一つでもある。

一方、親子丼は、とじた玉子に黄身を落とすので、出汁を吸ってふわりとなった半熟玉子とねっとりと舌にからむ生玉子の両者が味わえる。

下町風に甘辛く、たっぷりとかけられた出汁に、三つ葉と海苔が香る、昔風正統なそば屋の親子丼である
二パターン目は、焼き魚定食である。二階では昼時、極めて優れた焼き魚定食がいただける。例えばある日にできますものは、「サバ塩、さわら西京、さんま、ブリ照り、鮭、にしん」である。この「にしん」というのが珍しい。

迷わず「にしん」を頼めば、

「十五分ほどお時間かかりますが」

喜んで待つよ。大きいもんね。じっくり焼いてねと、楽しみに待つ。

やがて、皮が「ジュッジュッ」と音を立てながら、にしんは登場する。雄大な身をふっくらと膨らませ、もう見ているだけでニヤついてくる。

一二〇〇円と昼時には少し高いが、白魚の酢の物もついてこの値段は、魚の質からしてお値打ちである。

油揚げと豆腐の香り高い味噌汁、白く輝くご飯に、胡瓜のしば漬けと沢庵がついて、魚にはたっぷりと大根おろしが添えられる。

うれしいじゃありませんか。美しき、正統和定食の姿である。

箸でむしれば湯気が立ち、身はほろりとほのの甘い。最近は、子供の数の子ばかりひいきにされるが、親もなかなかいいじゃないかと腹を探れば、なんとみっちりお子さんが入っている。

数の子様である。酒が頼みたくなるのをぐっとこらえ、気持ちをご飯にぶつけてかき込む。

「利久庵」二階では昼時、焼き魚定食も

ご飯のおかわり自由と聞いて、思わず軽くおかわり、納豆も追加。俺は金持ちだあ。えへん。納豆には、ねぎ、海苔、黄身がのり、これまた充足をいただけるのでありました。どうです。昼に出かけたくなりませんか。焼き魚定食でご飯をかき込みたくなりませんか？

さて三パターン目は、そば屋の正しい使い方でもある「居酒屋使い」である。しかも夕刻からというのが好ましい。

「板わさ」と「焼き海苔」で軽く飲んで、つるっとそばをたぐって帰るもよし、各種揃う刺身類や、ぬた、酢の物、魚の煮付け、だし巻き玉子などで、じっくり飲むのもよしと、様々な楽しみ方ができるのがうれしい。

昼の混雑と違って、皆さんじっくりと腰を据えている方が多いので、観察もまた楽しい。

ある晩のこと、軽く飲んでいると、七十歳ほどの男性常連が入ってきて座るなり、

「今日はカツ丼かカレー南蛮か、どっちにしようか、まだ悩んでんだ」と、店の人と話す。

「〇〇さん、すいません、カツ丼終わっちゃったんです」

「えっ」

よほどショックだったのだろう。しばし無言になってしまった。

「カツ丼が終わるなんてぇことがあんだねえ。じゃあしょうがない。カレー南蛮そばをくれ」

彼は幾度となく、この店でカレー南蛮を食べているのだろう。運ばれたカレー南蛮を愛でるように眺めて、まずは汁を飲んで微笑む。

そしてゆっくりと味わいながら、汁の一滴も残さず、愛おしそうに、時間をかけて食べ終えた。

その後に現れたのは、四十代前半の男性一人客である。座るなり、

「冷酒一合とカレー南蛮うどん」

うむ。その組み合わせは合わないと思うなあ。せめて熱燗がいいと思うが、そこは人の好みである。

もしかすると猫舌で、カレー餡の熱々を冷酒で消火しながら食べ進みたいのかもしれない。

運ばれたカレー南蛮を肴に、冷酒をゆっくり飲み始めた。カレー南蛮のうどんを数本すすっては冷酒をぐっとあおり、「はぁ〜」と、ため息をついて目を細める。

見ながら誓う。今度試してみようと。

次に入ってきたのは、七十歳ほどの上品なご婦人であった。彼女もなじみのようである。席に座ろうとすると、サービスの女性が、

「すいません。カツ丼終わっちゃったんですよ」

「えっ（しばし無言）」

まだなにも頼んでいないのにである。まだなにも言葉を発していないのにである。いつも来てはカツ丼を頼んでいるんだろう。

「親子丼と玉子丼ならできるんですが」

戸惑う彼女にサービスの女性が説明した。

「それでは親子丼をいただきます。親子丼も好きなのよ」と、彼女は言う。

やがて運ばれてきた親子丼を食べ始める。仕草に品がある。しかし不思議なのは、すまし汁に一切手をつけないこと。蓋も開けない。

やがて丼を食べ終えると、おもむろに椀の蓋を開け、飲み干した。丼↓椀というのが彼女の流儀なのだろう。それにしても七十歳のご婦人が、カツ丼好きというのがカッコイイ。

今度は七十過ぎの女性二人連れが入ってきた。なにを頼んだかは聞こえない。やがてざるそば二枚が運ばれ、銘々が食べ始めた。

そこまではいい。だがその後に、イカの醤油焼きが運ばれたのである。小皿ではない。大皿にはみ出さんばかりに盛られた、スルメイカ一杯である。

さらには、地鶏の塩焼きも運ばれた。酒も飲んでいないのにである。

彼女たちは、ざるそばをきれいに食べ終わると、イカと鶏を食べ始めた。不思議なことに、ざるそばの時も、イカと鶏の時も、一切口をきかない。

どちらかというと仏頂面で食べている。

ざるそば後に、イカと鶏。そして無言。七十歳にもなると、言葉を発しなくとも思いは通じるのだろうか。

いろんな人がいるなあと思いながら僕が食べていたのは、おかめの台抜きを肴に、燗酒である。

そばのない「おかめ」は、どこか寂しげで、その風情が酒を飲むのにちょうどいいのだな。

point

機転の利いた応対で、
どんな人をも必ず満足させる。

Secret 14

相手をウキウキさせる会話術

岩金（東向島）

仕事始めは、「一人、下町の居酒屋で過ごす」と決めて十数年。「赤津加」や「鍵屋」、「江戸一」や「丸好」、「シンスケ」や「みますや」をフラフラと飲み歩く。

一人酔いにまかせて、一年の計をあれやこれやと思案する。なんてカッコイイが、本当は、人見知りで不精で暗い自分の性情をそこへ隠し、こっそりと酔客の中にまぎれ込んでいるのが、気持ちいいだけなのである。

ある年は新年会を抜け出し、曳舟まで足を延ばした。「下町ハイボール街道」を極めんと、計画したのである。

一軒目は「岩金《いわきん》」にした。がらりと引き戸を開けると、運よくカウンター席が二つ空いていた。

鍵の字形カウンターの角に座る。僕の他は全員常連である。

カウンターの中では、おばちゃん三人が相手をしてくれて、料理も作る。元祖ガールズバーである。

「何にしますか?」

おばちゃんの一人が聞く。

そう、客の九割はハイボール。頼めば、シロップと焼酎を割ったグラスとソーダの瓶を、ハイよと渡してくれる。

「ハイボール」

みんなソーダの瓶をずらりと並べて、顔を赤らめている。

これはソーダの注ぎ方にコツがある。ソーダを慎重かつ上品に注がずに、えいやっとグラスに突っ込むのである。

「ゴボゴボ」と泡が盛り上がってくるので、こぼれそうになる前に瓶を戻す。それがコツである。

こうすると適度に炭酸が抜けて、うまいんだな。肴を頼む。

「冷やしトマトにおでんの大根とこんにゃく、それにレバーをタレ、カシラを塩で」

「ごめん。カシラ終わっちゃったあ」

普通の味である。とりたててうまくもまずくもない、日常の味。それがいい。

冷やしトマトで口を清めたら、なんとオーブントースターで焼く焼きトンを食って、おでんでしっぽりといく。

次にハムカツを頼んで、その相手ポテトサラダを頼む。ポテサラはパフェみたいな器に入って気取っているけど、魚肉ソーセージがゴロゴロでうれしいね、ちきしょう。

うれしいから辛子をもらってなすりつけ、ソースもかけてやりました。ポテサラも喜んで、ハイボールに合うんだなこれが。

飲んでいると、六十過ぎの男性一人客が入ってきて、隣に座った。

「おや、イチロクさん、しばらくぶりだねえ」

「いやあ、ここ混んでっからさあ。あっち行ってたんだよ。あっちね。ハイボールに馬刺しちょうだい」

「はいよ。イチロクさんにハイボールと馬刺し」

あっちたあ、いったいどこのことだろう。酔ってきたら聞いちゃおうかな。

「今日さあ、初めて常磐線に乗ったんだけど、ありゃ速いねえ」

「へえー、どう速い」

「駅なんか、二つも三つもすっ飛ばしちまう」

「そりゃ快速ってんじゃないの」

「快速か特急か知らねえけど、とにかく速かった」

落語である。ボケとツッコミが成り立っている。

次にその隣に座った推定七十歳の男性が、肴を頼んだ。

「そうだ、月形《つきがた》ちょうだい」

「なんだいその月形てえの？　うちには置いてないよ」

「知らねえのかい。月形といえば半平太。はんぺんのことだヨォ」

「岩金」は元祖ガールズバー

「ああ、そうか。あんたそれ、どこかで聞いてきたばかりだろ」

「ばれた？　使いたくてねえ。春雨じゃ濡れて行こうってね」

「なんだかわかんないけど、はんぺん焼き？　それともおでん？」

「おでんのやつ。二つちょうだい」

はんぺんを二つも食べるのかい。愛おしそうに、少しずつ崩しながら食べていく。

こちらもつられてはんぺんに白滝と冷や奴を追加した。

明らかにアウェーであるが、疎外感がまったくない。そこが下町大衆居酒屋のいいところである。

よそ者だとはわかっているが、気には留めない。よそ者だからといって、妙に軽視をしたり、親切にもしない。すべての人を平等に、淡々と扱っている気遣いがある。

カウンターの客が、後ろのテーブル席に座っている客に話しかけた。

「じいさん、今日は調子よさそうだなあ。女の子二人相手にしてっからな。だいじょぶかあ。コーフンしすぎておっちんじゃうんじゃねえか」

テーブル席には九十歳くらいのおじいちゃんが、女性二人相手に焼酎を飲んでいる。酒は熱燗で、肴はなぜかミックスピザである。

女の子とはよく言ったもので、どう見ても母娘で、母は五十代後半、娘は三十代後半くらいか。

「おじいちゃん、今日はうれしそうだよ」

店のおばちゃんも喜んでいる。

しばらくして、おばちゃんがそのじいさんに声をかけた。

「じいさん、迎えが来たよ」

ん？　縁起でもないと、入り口を見れば、親戚だろうか、おばさんが車椅子を押して店に入ってきた。車椅子のお出迎えである。

じいさんは、店の人に支えられながら、よろよろと立ち上がり、秒速三十㎝の足取りで入り口に向かった。

「じいさんお休み。また飲もうなあ」

全員が声をかける。

じいさんは何も言わず、背を向けながら片手を上げて別れを告げた。

これがこの店の日常である。常連は大抵は六十代の一人男性客で、店のおばちゃんたちとたわいもない話をしにやってくる。

毎晩来ているよ、という雰囲気だ。彼らの安息地なのである。

おばちゃんたちはその辺りを十分心得ていて、ボケた会話をするおっさんも多いだろうが、見事なツッコミで会話を盛り上げていく。

おそらくこういう店は多かろうが、この会話の妙が成り立っている店は、そう多くはないと思う。

だから、他の土地から来た人間は、ひっそりと飲むべきである。できれば一人で来るべきである。

インターネットが発達した関係で、こうした店が広く知れ渡り、四人くらいで来て騒いでいるよそ者が増えてきたが、あれはいけません。他の客のことをなに一つ考えていない、明らかなマナー違反である。

一人じゃ飲めないんですよ、という人もいるようだが、だったら居酒屋に来るなと言ってやりたい。

厨房の上には、黒板に手書きメニューが掲げられていて、みんなそれを見て頼む。手書きのメニューは、普通であれば減るものなのに、いつの間にか増えていた。

それじゃあその、「数の子入りひたし豆」といってみよう。

「はい。数の子入りひたし豆。正月の数の子が残ってたから作っちゃった。あんた、くにはどこ？」

「東京です」

「東京のどこ？」

「中野です」

「えっ？　中野って、新宿の先の？　そっから来たの。物好きだねえ」

なにが物好きかわからないが、気分がいいことだけは確かである。

「ああ、これが食いたかったんだあ。久しぶりだなあ」と、隣の常磐線親父は、好物のラーメンを食べて、ハイボールを飲んでいる。

その隣のはんぺんおじさんは、すき焼きを肴にハイボールを飲んでいる。

この店にいる人間の嬉々とした湯気が回り回って、ほんわりとした空気を生み、店に降りてきている。

都心のガールズバーも、これを見習ってほしい。ついでにキャバクラも見習ってほしい。

男を保育児童化する術を学んでほしい。男はみんなバカで、甘えん坊なのである。

なんかウキウキしてきて、つい「ナポリタンください」と頼んじまった。

おばちゃんが手早く鍋を返しながら作ったナポリタンは、箸で食べるナポリタンである。具は、ウインナーにシャキシャキ玉ねぎで、ケチャップがたっぷり入っているが、巧みな鍋返しの技でケチャップを焼いているので、べちゃっとなっていない。

こいつをハイボールで迎え撃つ。うん。合うねえ。ちょっと酔ってきたせいもあるけどね。

「ごちそうさま。お勘定してください」

「ハイボール何杯？　四杯。ハイ三二〇〇円」

安いよお。

point

「ボケ」と「ツッコミ」を駆使して

会話を上手につなぐ。

第三章

交渉の極意は、繁盛店から盗め

Secret 15

最初と締めが肝心

たまる（四ツ谷）

昔は花街であった薫りを残す石畳の路地に、夕闇が落ちる。「あなご」と記された「たまる」の大提灯が、静かに灯る。

暖簾をくぐり、引き戸を開ける。

「こんばんは」

「やあ、こんばんは」

普段はむっつりを決めているご主人が、眼鏡越しに優しい眼差しを向けて、微笑む。

他に客はいない。カウンターの右端に腰かける。

食通で知られた俳優の故・渡辺文雄さんは、いつもこの席に座っていた。

彼は、先代の頃からこの店を愛し、

「毎日通いたいから、荒木町に引っ越しちゃおうかな」と、いつも呟いていたという。

同じく常連だった故・石津謙介さんの定席も、カウンターの右隅だった。一人で来ては、ゆっくりと盃を傾けながら、料理を楽しんだそうである。

二人とも粋人で、食通であったが、両者の随筆に「たまる」は出てこない。それだけこの店を愛していたのだろう。

三宅一生さん、村松友視さん、ホルトハウス房子さん、故・木下惠介さんなども、この店の常連である。

墨痕鮮やかに書かれた大提灯は、十月を迎えると、「あんこう」に付け替えられて、「ああ冬が来る」と、人々の心を焦らしていく。

夏は穴子料理、秋から春まではあんこう鍋を主役に置いて六十年以上にわたって、各界の名士を含む食通たちを魅了してきた。

二つの主役以外にも、焼きコチの味噌椀、アイナメの煮こごり、蒸しアワビ、平目の昆布〆、新筍、芝海老の唐揚げといった名物料理があり、常連たちは、それぞれの好みを目当てにやって来る。

江戸の味である。新筍や芝海老の唐揚げ、アイナメの煮こごりなど、手間と暇をかけた仕事を経て、こっくりと甘辛く味をつけた、しみじみと深いおいしさを持つ。

例えば茹でてから甘辛味をまとわせた新筍は、艶やかに食欲を誘い、江戸風甘辛味の中に、命の甘味を滲ませる。盛られた小鉢に、春の息吹が満ちている。

どの料理にも、濃い味の中に季節の恵みに敬意を払った配慮があって、食材の風味がじわりと伝わってくる。これがよそゆきではない、気の置けない江戸の味である。

品書きの中で「平目の昆布〆」は、年中出されている。年中あるが、味はまったく変わりがない。

毎日違う平目に、仕事をし、寸分違わぬ味に仕立てる。この店のすごみはここにある。

アワビの貝殻形をした染付けに盛られ、大根のけん（細切り）と紫芽にわさびが添えられる。余計なつまで飾り立てない潔さが粋であり、また、わさびの盛り方がいい。

きれいに整えるのではなく、すり下ろしたままのような自然な形で、媚びなく平目を盛り立てる。

また醤油は、卓上には置かれていない。まして醤油差しを出すわけでもなく、片口の器に入れて添えられる。これもまた昔の流儀である。

若い頃、昆布〆に添えられた大根のけんを食べ残していたら、「丁寧に作ったんだから全部食べなさい」と、大女将に怒られた。それからは、心してけんを食べるようになった。

夏の主役である穴子は、照り焼き、すずめ焼き、塩焼き、柳川などでいただく。照り焼き、すずめ焼きなどで二、三本やってから、柳川をもらう。

滋味を閉じ込めながら炭火で焼かれた穴子は、貪欲に海底で餌を貪る穴子ならではの味のたくましさがあって、燗酒が進む。

そしてグツグツと煮立ち、湯気を上げながら登場する柳川は、ごぼうのほのかな土の香りと穴子の香りが出会って顔を崩し、そこへ玉子の甘味が和らげる。

最後は白いご飯をもらい、柳川の煮汁をご飯にか

「たまる」の新筍は、江戸風甘辛味

け、山椒をはらりとかけていただく。夜に幸せが満ちていく。

あんこうは、鍋仕立てで出される。醤油味の鍋つゆに、あんこうの肉や胃袋、肝、皮、エラなど七つ道具が、野菜類とともに煮えていく。

淡白な中に秘めた身の甘味に目を細め、ねっとりとした濃厚なうま味が舌に広がる肝の味わいに、酒を合わせる。コリッとした肉厚の胃袋を噛みしめ、エラや弾力に富んだ卵巣の食感が歯を喜ばす。

それらを生かす、甘味と塩味、辛味とうま味が精妙なバランスで調和した割下（鍋つゆ）に唸る。

あんこうだけではない。白菜やねぎ、茸類も吟味し、焼き豆腐は気に入ったものがないため、自ら焼いて作る。

鍋の締めは、こちらも雑炊にはせずに、鍋つゆを白きご飯にかける。

あんこうの滋養が溶け込んだつゆが、ご飯の甘味と出会う。もはや「うまい」とも言えない。

「ああ」

一口食べた瞬間に、充足のため息を漏らし、あとは脇目も振らずに食べ終えて、「おかわりください」と、茶碗を差し出す。

その姿を見て、またご主人がうれしそうに微笑む。そして言う。

「うちで一番うまいのは、ご飯とお新香なんだから」

ご飯は香り高く、つやつやと光り輝いている。食べれば優しく甘く、一致団結していた米が、一粒ずつ独立しながら「おいしいよ」と呟く。

「市販のやつなんか食べられたもんじゃない」というお新香は、糠を日々管理した賜物の、たまらぬ香ばしさがある。

常連たちの楽しみは、さらにある。「突き出し」である。

夏は「冬瓜煮」、十月は「穴子の南蛮漬け」、十一月から三月は、「牡蠣の南蛮漬け」が登場する。

「冬瓜煮」は、涼しげな器に冬瓜の淡い緑が映える、シンプルな料理である。

そこにあるのは出汁と冬瓜だけなのに、冬瓜を一口含んだ途端、無限の宇宙に放り出される。冬瓜の滋味が溶け込んだ出汁と冬瓜が一つとなり、冬瓜は、存在感を示しながらも静かに崩れゆく。この絶妙な歯応えもまた、先代の父から厳しく煮方を鍛えられた、結実である。

そして、小皿にのせられた牡蠣はふっくらと太り、煮汁で濡れて輝き、「早く食べて」と囁く。箸で慎重に摑み、そっと口に含む。丸い酸味が舌に触れたかと思うと、牡蠣から海の豊饒がこぼれ落ちて、思わず目を閉じる。

その瞬間に思う。ああこの店に足を運んでよかった。

温かいご主人の心根が滲み出て、心が緩んでいく。食欲がむくむくと湧き上がり、さあ今日は何を食べてやろうかと、舌なめずりする。

「うちは穴子とあんこう鍋の店だから、穴子やあんこうがおいしいのは当たり前。でもね、突き出しは、お客さんが最初に口にするものでしょ。いい加減には作れない。だから毎日毎日、死ぬ気で作っています」と、ご主人の御子柴《みこしば》暁己さん。

広田湾(陸前高田)の牡蠣を揚げ、漬け込む。一日以上漬けてから出す南蛮漬けは、漬け汁の味が出すぎず、牡蠣と自然になじんでいる。

それでいながら、漬け汁の優しいうま味と酸味が食欲を湧かせ、その中で牡蠣のエキスが爆発する。

噛みしめて気がつくのは、牡蠣のひだ(エラ)のおいしさである。多くの牡蠣料理は、肝部分に比べ、この部分は加熱すると味気がない。食感も悪い。

しかしこの牡蠣の南蛮漬けは、ひだひだを噛みしめていると、味が膨らんでくるのである。

そのことを伝えると、

「そう、その部分を生かすように揚げるのが、難しいんだよ。一番気を遣うところでね」と、にやりと笑われた。

「たまには違う突き出しにしようとも思うんだけど、これを目あてにして来るお客さんが多くてね。変えられないんですよ」と、うれしそうである。

ご主人の御子柴さんは、普段あまり口をきかない。なじみの客になるとこうして話しかけてくれるが、普段はめったに口は開かない。

料理人がうまい料理を作るのは当たり前。余計な口はきかない。おそらく頑固で純粋な御子柴さんは、そう思われているのだろう。

そして主役だけでなく、突き出しやご飯、お新香といった脇役にも、いや最初と締めを担う料理だからこそ、心して作る。

目の届きにくい地味な仕事を死ぬ気でやってこそ、相手の心を動かす。中でも最初と締めがいかに大切か。そのために最善の下準備をしておくことがいかに重要か。僕はこの店で、徹底して舌と骨身に教え込まれた。

常連たちはおそらく、長年同じ突き出しを作りながら、味が微塵もぶれず、いつも同じ喜びを与えてくれる仕事に、心底惚れているのだろう。

「突き出し」とは、いわば店からの押しつけ料理でもある。だがそれは、お客さんと最初に交わす挨拶であり、客を迎える心の鏡なのである。
今、それを心に刻んでいる料理人は少ない。でも、だからこそ、古稀を迎えた御子柴さんは、今日も死ぬ気で突き出しを作る。

point

目の届きにくい
地味な仕事も手を抜かない。

Secret 16

学びたい時は自分から行く

冨味屋（浅草）

昔ながらの普通の、当たり前な焼肉屋が少なくなった。

今話題の焼肉屋は、肉の希少部位やブランド牛を前面に出し、割烹のような料理提供や会員制など、様々な趣向を凝らしている。

なにしろ東京には、四千軒近くあるのだから、昔の焼肉屋形式だけでは、勝ち残っていくのは難しい時代である。

こうした新しい焼肉屋も楽しい。だが一方で、ブランドやA5などのランク、希少部位、熟成肉など、肉自体ばかりが強調され、情報に踊らされてしまう。これでは本来の焼肉屋へ行く楽しみから、遠ざかっていないだろうか。考えてみれば、焼肉屋というのは変わった飲食店だ。なぜなら、最終調理が客の手に委ねられているからである。

最近は、客に委ねず、店側が焼くケースもあるが、大半の焼肉屋は、客が焼く。こうして客が最終調理をする店は、もんじゃ焼き屋か一部のお好み焼き屋しか思い浮かばない。

だが、これこそが焼肉の楽しさである。自分の食べたい部位を、自分の好きなように焼く。おいしくなっていく過程を楽しみながら、姿を愛でながら、食べる。

僕は、そんな焼肉本来の楽しみを味わいたい時は、「冨味屋《ふみや》」を選ぶ。流行の焼肉屋に行っている若者から「どこかいいとこ教えてください」と聞かれたら、「冨味屋」をすすめている。

浅草の北側で、焼肉屋が軒を連ねる一帯の路地裏に、ひっそりと佇む、この店に連れて行く。

店は小さい。テーブル席二つに小上がりを設けた、十人も入れば満席となる店を、ご主人と女性スタッフで切り盛りされている。

テーブルの上には、スリットが入った鉄板の四角いガス台という、昔ながらの焼き台。「食べログ」では低得点で、レビュー数も少ない。予約が取れぬ店でもない。

メニューは、カルビとハラミの並と上、ロース、タン、ミノ、ギアラ、レバー、ホルモン、コブクロ、ナンコツ。刺身は、センマイにコブクロ。他はキムチ類、ご飯類にチヂミと、シンプルである。

まずは焼肉を頼んで、その姿を観察してほしい。肉は厚さや大きさが、ほぼ同寸にカットされている。

「冨味屋」の肉は、ほぼ同寸

つまり、一斉に四人で焼き出しても、誰が焼こうが焼きムラができない配慮がなされているのである。肉をきれいに盛って見せるより、お客さんが最終調理をしやすいように切られている。

「客の立場で物事を考える」

この皿から、飲食店としての本質を教えられる。

ミノは、細かい隠し包丁が入れられ、貝のような食感は活かしつつ、食べやすくされている。

レバーは、前歯が噛みしめる喜びを味わえる、絶妙な厚さに切られ、タンは冷凍ではなく、これまた甘みを味わえる厚さに切られ、並のカルビは肉の香りと味の深さがある。

そして焼肉屋の質を見分けるのに最も適しているハラミは、肉色がよく、脂の入り方が健やかで、食べれば肉のたくましさと内臓の香り、脂の甘みという、ハラミ特有のうまさが、口の中で爆発する。

すべての焼肉は、醤油ダレか塩ダレが選べ、どちらもくどさのない、すっきりとした味わいである。

しかも値段は、上のカルビとハラミ、タン以外は一〇〇〇円以下と、安い。

さらにキムチは発酵が効いた心地よい酸味があり、スープ類やご飯料理も上出来で、すべてに丁寧な仕事が光っている。

こういう店に出会うと、なんともうれしい。

「そうだ。焼肉屋とはこれだよなあ」と誰もが膝を打つ。そんな店なのである。

「冨味屋」には、アイドルがいる。創業者の安田奉月《ほうげつ》さんである。

早い時間に出かけると、キムチやナムルの仕込みをしていて、にっこりと挨拶してくれる。今でも彼女に会いに、店を訪れる常連さんも多いと聞く。

現在「冨味屋」の周辺には、二〇軒ほど焼肉屋が密集しているが、昭和三十五（一九六〇）年に安田奉月さんが店を始めた時は、飲食店が三軒ほどしかない、寂しい場所だったという。

安田さんは、昭和二十八年、先に日本に渡った夫を追いかけて、韓国の済州島から日本にやってきた。しかし日本についてみると、夫は別の女性と結婚していた。母と娘の二人は、生活のアテもなく途方に暮れたが、幸いにして景品交換所に働き口を得て、チマチョゴリを売っていた店主の家に、身を寄せることが出来た。

そして七年間、倹約を重ねて貯めたお金で現在の店を買ったのである。

「でもね、最初一五万円で売ると言ってたのに、当日になったら一五〇万円というのよ。それも明日中にお金を持ってこなきゃ、他の人に売るというの」

ここで挫けたら、店をすることはできないかもしれない。彼女は親戚や知人から借金をして、店を買うことができた。

韓国では、女性は学校に行かなくていいと言われ、四歳から母の手伝いをしていたので、読み書きは不十分でも、料理は出来る。最初は簡単な定食屋で、おばさんが作ったマッコリを売った。これが安くてうまいと評判を呼び、近所の山谷から労働者たちが、あふれるほど来たという。

「でもマッコリだけ飲んで、七時には帰っちゃうから、売り上げが少なかった」

その時、蔵前の警察宿舎に住んでいたお巡りさんたちが来てくれた。近所に食堂がなかったために、車で来て、あつあつのご飯と味噌汁、キムチを楽しんで食べてくれたという。

しかしお巡りさんには、自家製（すなわち密造）マッコリを飲ますわけには行かない。とはいえ、当時ビールは高価である。すると彼らが言った。

「運転しない僕たちが、ビールを飲んであげるから」

その言葉がうれしかった。彼らはそれから五十年近く、現在まで来てくれといるという。

オンマ、オンマと慕い、彼女の還暦には、ホテルの一室でお祝いの会を開いてくれた。

当時はミノとカルビを一〇〇円で出し、他の部位も徐々に出すようになっていった。とにかく働いた。開店以来三十年の間、店は無休、二十四時間営業だったという。客が途切れると、小上がりに横になって寝る。そんな生活だった。

「娘がお腹空いたと言っても、我慢しなさいと、ご飯もろくにやれなかった」

そんな娘さんも高校を出て銀行に勤め、やがて結婚し、お子さんをもうけた。

「私の代で焼肉屋は終わりだなあと思っていたら、孫がやってくれるというんですよ」

孫の高山勇男さんが、現在の店主である。

和食の料理人を目指していたが、祖母が懸命に働く姿を幼少の頃から見ていた高山さんは、店を終わらすわけにはいかないと、継ぐことを決めたという。

おばあさんの仕事を、伝えていきたい。そう決意したのだろう。

ただ、それも簡単ではなかった。

「親子ではなく孫なんで、怒らない。教えてもらおうと思っても、すぐおばあちゃんが手を出してしまうんですよ。だから自分から常に手を動かして、仕事を覚えました」

キムチもコチュジャンも手作りである。肉もブロックで仕入れ、毎日掃除し、切り分ける。今の焼肉屋で、ここまで手をかけている店は少ない。

昔ながらの普通の、当たり前な焼肉屋が少なくなったと書いた。実はそれは表面上のスタイルだけではなく、こうした手間暇をかけた自分の店の味を出す焼肉屋が少なくなったということなのである。

休みなく、どんなに忙しくとも手抜きはしない。ただひたすら働き続ける祖母のそばで高山さんは育った。

「ここは第二の家なんです」という高山さんは、学校から帰ると家より先に店に来て、宿題をし、お腹が空くとおばあさんにねだって、料理を作ってもらっていたという。

こうして自然に、おばあさんの誠実を身に染みつけていった。

その味は揺るぎない。温かく、凛々しく、毎日食べても飽きないおいしさに満ちている。食べる相手のことを思った、滋味がある。

最後に、「お孫さんの料理はどうですか？」と聞いてみた。

「毎日食べています。おいしい。とってもおいしい。だから今もこうして元気でいられるんです」

そう言って九十一歳になるオンマは、幸せそうな笑顔を浮かべた。

point

素直な「学びの姿勢」が
相手の心を打つ。

Secret 17

試行錯誤の過程を決して見せない

柏屋　大阪千里山（吹田）

小鉢の蓋を開けると、輝く緑が目を刺した。熱々を一匙すくう。その瞬間、蕪の畑に立ち、蕪を丸かじりしたような清々しさに撃ち抜かれた。

「柏屋《かしわや》　大阪千里山《おおさかせんりやま》」の「かぶら蒸し」は、上に生の水菜を刻んで散らしてある。その水菜の青々しい香りが蕪の甘味に重なって、蕪への思いが高まっていく。

食べれば、硬めに火が通された百合根のほっくりとした食感と甘味、コリッと響くきくらげ、テロンと舌に甘えてくる濃厚な白子が現れる。

かぶら蒸しに仕込まれた様々な食感と味わいは、それぞれの大きさが精妙に計算されていて、食べるごとに蕪のありがたさが際立つのである。

かように「柏屋」の料理には、驚きがある。おなじみの「かぶら蒸し」にも、大胆なアレンジを施し、新たな発見を呼び起こす。

こうした試みは勇気のいることだろう。オーソドックスな料理には、生み出されてから長い時間を経て、洗練されてきた「理」が厳然としてある。

それを越えて、目先だけではない驚きを得るには、相当の力と、食材と料理への深い理解が必要である。

「柏屋」で新しい料理を食べていつも思うのは、驚きを生む発想に、けれん味が一切感じられないことである。

なにげない姿で現れ、口にして初めて、驚きに変わっていく。天然の味わいの中に、驚きと発見が隠されている。

最初に驚かされたのは、「甘鯛の海老塩焼き」だった。姿は、普通の鱗焼きのようだが、食べ進むうちに、漬け地に使ったアミエビの塩辛が、甘鯛の妖艶を引き出していき、しみじみと惚れてしまうのである。

「いやあ、僕自身が食いしん坊ですから、新しい味を食べてみたいんです」

創作の秘訣を問うと、ご主人の松尾英明さんは、そういって苦笑いした。

茹でたホタルイカから、目と足と墨袋を取り、潰したペーストを、そば素麺にからめた料理も、この店にしかない。

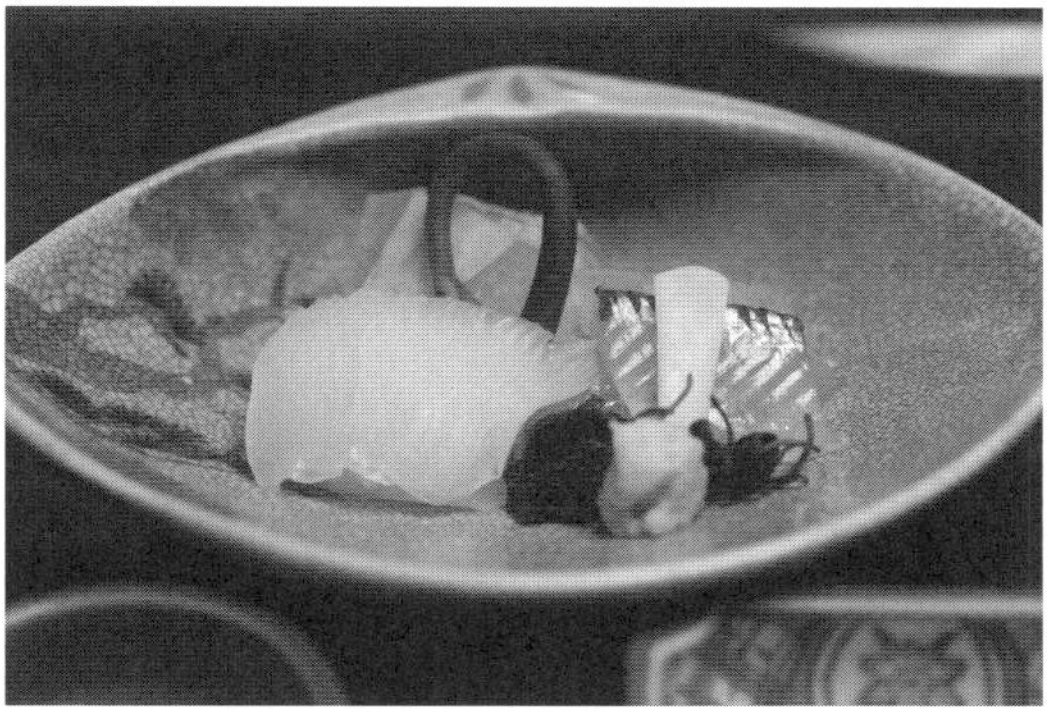

「柏屋　大阪千里山」のお造り

食べれば、ホタルイカの精が舌の上でのたうち回る。上には、細く輪切りにしたホタルイカの胴体が置かれて、僕を待つ。

するる。するる。やわで優しいそば素麺に、ホタルイカがからみ、口元に上ってくる。肝が肝以上に濃密で、イカの身肉が身肉以上に甘く、それらが抱き合った混沌の凝縮が、舌を包み込む。

そこへ若ごぼうの爽やかさがリズムを生み、さらにホタルイカの色気を膨らます。ああ、とても危険で、うれしい。

焼いた殻と昆布出汁で三時間蒸したという「伊勢海老の蒸し物」は、蒸して硬くなった伊勢海老が、さらに蒸すことで柔らかく変化し、味が凝縮した料理である。

食べれば濃密な伊勢海老の香りと滋味があふれ出して、充足のため息をつかせる。「柏屋」でしか味わえない新しい味は、驚きを与えるものの、昔から存在していたかのような、味のなじみがある。

おそらく発案してから店で出されるまで、幾度も試行し、練りに練って洗練していくのだろう。そうでなくては表現できない、自然がある。

「新しければなんでもいいというわけではない。今まである料理の理を、十二分に吸収消化してから考えていくんです。初めて作ったものでも、前からあったような感覚のものでないと難しい。自分が考えるそんな日本料理にちゃんと収まってないと、お店では出せない。新しい料理を作る時に一番こだわっているところは、そこです」

そのエネルギーとなっている根源には、自分自身も新しい味と出会いたいということがあるだろう。その一念だけで作り上げていく松尾さんの、執念の味である。

ただし新たな味を生むのは、それだけではあるまい。お客さんに心から喜んでもらいたいという願いも、強く根底に流れている。店自体の造りにもまた、そんな心根が貫かれている。

座敷に置かれた椅子は、その象徴の一つである。きっかけは、掘り炬燵の部屋を所望するお客さんが急増した二〇〇七年頃だったという。

椅子に慣れた年配のお客さんが、椅子を希望するようになった。そこで座敷に合う椅子を探すべく奔走したが、半年経っても見つからない。ある日、自分はなんでこんなに苦労して探しているのだろうか。お客さんにくつろいでもらおうと思っているなら、理想の椅子を作ってしまえばいいじゃないかと気づいた。

そこで、豊中「新木工房」の椅子職人、新木聡さんに作ってもらう。

デザインを基にして、座面の高さは高い椅子から徐々に削って決め、座面は板張りではなく布張りにして、どんなお尻でもフィットするようにした。

背もたれは、背中ではなく腰を支えるものという新木さんの論を取り入れて高さを決め、腰になじむきれいな曲線が出るよう薄い板を張り合わせてある。さらには背もたれ板の角も、シャープに見せながら、背中が痛くないように、精妙に面取りされている。

畳ずり（畳の傷を防ぐ脚下の横木）もつけ、座る人が後ろから見て華奢に見えるよう、全体のフォルムも脚も台形にしてある。

「作っていくやりとりの中で、互いの気づきがたくさん生まれました」

職人と職人が、互いの思いを集結させた椅子は、座敷にさりげなく溶け込んでいる。

すんなりと畳や床の間になじんだ、一見華奢な椅子は、座るとお尻がどっしりと落ち着き、背もたれがさりげなく腰を支える。胃袋を圧迫せず、姿勢よく食事ができ、座っているうちに存在を忘れるほど、体になじんでいく。

新しさに挑む。人間の進化はそこにある。しかし、料理も器もしつらいも、「なじむ」という観念を忘れては、行きすぎてしまう。そのことを常に心に刻んだ松尾さんの挑戦は続く。

三十歳から料理長になった松尾さんは、ある決心をしたという。

「毎月の献立を考える時に、一、日本料理の範疇を超えない。二、小さなことでもいいから新たな挑戦をする。この二つを心がけました」

それから二十数年経った今でも、松尾さんは二つの戒めを守り、日々挑戦を続けている。

point

古さとなじむ新しさを大切に、
日々小さな挑戦を続ける。

Secret 18

弱点を魅力に変えてウリに

アヒルストア（富ヶ谷）

「アヒルストア」に行こう。

渋谷駅から、てくてくと十五分歩いて、「アヒルストア」に行こう。店に初めて行く友人は、こんなに歩かせてどうするのと怪訝《けげん》な顔になってくるだろうが、おかまいなしに歩いていこう。やがて路地を曲がり、突き当たりの右角に、「アヒルストア」が見えてくる。店前に並んだワインボトルが、我ら飲兵衛を誘っている。

では重めの木の扉を開けよう。さすれば中から、おいしい賑わいが流れ出てくるはずである。カウンターにお客さんが立ち並び、その後ろに置かれたテーブル代わりのワイン樽の周りも、ぎっしりと人で埋まっている。

みんないい顔をしているなあ。食べては飲んで、愉快に会話をしているなあ。その時、先ほどの友人は、咄嗟に感じとるはずである。

いい店に連れてきてくれたなあと。さあ、飲もうぜ、盛り上がろうぜと。

ここはワインバーであるが、ワインのことなどまったく知らなくても心配ない。今日の気分を伝えれば、店主の齊藤輝彦さんが的確なワインを選んでくれる。

果実味があるワイン、あっさりしたワイン、重いの軽いのなんて言い方もいいけれど、「今日は一日中会議で、頭が疲れちゃいました」

「プレゼンが通って、自分をお祝いしたい気分」なんて言い方でもかまわない。

あるいは、「彼女を今夜こそ口説きたいんです」なんて、こっそり耳打ちしてもいい。厳選したナチュラルワインの中から、今夜のあなたにピタリと寄り添うワインを選んでくれるだろう。

さあ後は、食事である。練り肉のうま味をたっぷりと詰め込んだリエットやパテ、自家製ベーコンや羊のソーセージを使った骨太な肉料理もいいなあ。

いや、魚介の滋味が濃厚に凝縮された「スープドポワソン」も欠かせない。野菜の優しさが滲み出た「ラタトイユ」、芋の甘味が出た「ジャガイモとローズマリーのグラタン」も食べたいなあ。

いずれもワインがすいすいと進む料理たちで、選ぶのに困る嬉しい悩みが待っている。

さらには、齊藤さんの妹である和歌子さんが作るパンが、何種類も用意されているから困っちゃう。

オニオンカンパーニュ、ジャガイモのフォカッチャ、低温長時間発酵のフランスパン、三種のレザン……。

さあ、あなたの食いしん坊度合いが試される。しかもいずれも手頃な価格設定。こりゃあ、流行るワケである。

こうして「アヒルストア」は、開店と同時に満席となり、深夜までその盛況は続く。

界隈は今でこそ店が増えたが、齊藤さんが店を出すと決めた頃は、飲食店はほとんどなかったという。しかも店は、路地奥という目立たない立地にある。

開店当時、当面は近隣で働く人のための弁当をやってしのぐしかないと、齊藤さんは考えていたという。

ところが、店を開けた途端に客が来た。しかも遊び慣れた、外食の好きなお客さんが多く訪れた。

主役である料理とパンとワインが、「アヒルストア」の繁盛を呼んだことは間違いない。でも僕は、他にも理由があることを感じていた。

最初に訪れた時、BGMの選曲のよさにやられたのである。飲んで食べるこちらの気持ちを、そっとかき立て、心憎い。

ヴォリュームの具合もよく、人々のさんざめきと程よく溶け合っている。

通ううちに、開店時と深夜ではまったく選曲が違い、音量も異なることに気がついた。開店時は音量はあまり大きくない。ゆったりとした音楽がかかる。

しかし夜が遅くなり、しゃべり声が大きくなるにしたがって、ヴォリュームは増し、アップテンポな曲が多くなる。

齊藤さんは、音楽がお客さんの心に働きかける効果を明確に意識し、楽しんでいる。例えば、「土曜日は午後三時からなのですが、開店前からお客さんが並んでいて、一気に満席になります。注文が次々に入ると料理が滞るので、いったん心を落ち着けていただくために、ハワイアンなどをかけます」

お客さんのタイプでも、曲を変える。

「若い女の子がカウンターにずらりと並ぶ時もあります。うちはどちらかというと成熟した大人の方が主役なので、雰囲気を変えるために、スライなどファンキーな、不良っぽい音楽をかけるんですよ」

「アヒルストア」のCD

すると空気が大人へ、妖艶な夜へと変化していくという。

あるいは、グラスに入ったワインがなくなっているのに、話に夢中で、追加注文をすることもなく、お客さんが粘っている。外にはお客さんが待っている。

そんなシチュエーションでは、スパニッシュギターを、少し音量を上げてかける。すると、パコ・デ・ルシアの奏でる三拍子の音色に、我に返り、もう帰ろうかなとお勘定を始めるという。

あるいは、ワインをもう少し飲んでもらって、空気を熱くしたい。そう思う時は、山下達郎をかける。

「山下達郎の音楽は、ワインが似合う。かけると必ず皆さん、もう一杯もらおうかとなります」

お客さんが一回転して、店内のゲストが一気に少なくなり、なんとなく空間が間延びしているなという時もある。

そんな時には、

「少し照明を落として、ボサノヴァをかけてみたりします。すると間延びした食堂空間を、ゆったりとした心地よいバー空間に変えてくれます」

逆にガッツリと混み合って、料理のオーダーも立て込んでいるような時には、

「ダンスミュージックに限ります。すると、お客さんと会話をしないで料理に集中していても自然なんですよね。例えば、４つ打ちだけどあまりゴリゴリしてなくて、チルアウト気味で明るい音色の音楽が合うかな。最近好きなアーティストはペペ・カリフォルニア。そんな時は、僕らも軽く踊りながら料理作ってますね」

ペペ・カリフォルニアですか。南の島の４つ打ち的のほほんさがある音楽ですね、と言うと、

「そうです。僕らは、ドラッグなしの多幸感、そんな酒場でありたいなと常々思っています」

だから「アヒルストア」には、笑顔が多いのか。東京には多くのワインバーがあるが、こんなに緩い幸せ感が漂っている店はない。

齊藤さんは、料理をしながら、接客をしながら選曲をし、状況に応じて、音楽を変えていく。そのことに、気づいていないお客さんが、ほとんどだろう。いや逆に気づかせてはいけない。気づかせてしまっては、単なる音楽バーになってしまう。ＢＧＭはＢＧＭとして背後に配しながら、効果的に使う。

仕事も、表面上に見えることに気遣うだけでなく、見えていない、知覚しているのだが気づかない、細部にも気を配ることが大事なのだ。

見えないところにこそ、心を砕く。そこにこの店の繁盛の秘密がある。

選曲が一番決まったと思う瞬間は？　と聞いてみた。

「カップルが何組かカウンターにおられる時ですね。もっとお二人の関係が密になってもらえばいいなと、『花様年華』のサントラをかけます。ナット・キング・コールが歌うムーディーな曲が流れると、二人の距離が次第に近づいていきます」

禁断の恋を描いた香港映画『花様年華』で、不倫の男女が逢瀬を重ねる時に流れていた曲である。ヘタなスペイン語で怪しく歌うナット・キング・コールの歌声が、からみ合う情念を、掻き立てる。

ああ、なんとも粋なおもてなしではないか。

店は今夜も満席。酒と食事と会話に酔い、素敵な音楽に抱かれ、背中を押されて、夜が更けていく。

point

見えない部分にこそ
気を配る。

マッキーさん直伝 3

肴について

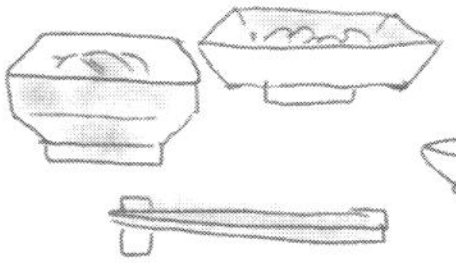

お店の良し悪し

◎ お刺身のツマを見ろ!!

手作り?新鮮か?

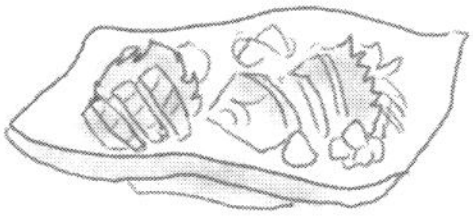

◎ 甘エビが盛合せにあるのはNG

※富山湾など産地近辺以外
鮮度を保つのが難しい

注文の極意

◎ その店にしかない料理

◎ どこにでも必ずある料理
→その店の実力が分かる

"ぬた"なども
素材の良さが分かり
味のセンスも分かる一品

Secret 19

相手との距離を近づける切り札とは

ロッツォ シチリア（白金）

誰かを口説きたくなった時は、「ロッツォ シチリア」に行く。

女性だろうが男性だろうが、関係ない。相手との距離をぐっと縮めたくなったら、この店の予約を取る。

マネージャーの阿部努さんは、前の店、青山「ドンチッチョ」時代からの知り合いである。人気店である「ドンチッチョ」は、長年の常連客が多かった。

彼らは皆、遊び慣れて、多くの店で食べ込んできた本物のオトナたちである。よく飲み、よく食べ、よくしゃべり、よく笑う。

そのため「ドンチッチョ」は、いつもおいしい賑わいと、成熟したオトナたちが醸し出す色気に満ちている。そしてそれが客の心を煽り、ときめかす。

一方オトナたちは、いたずらっ子でもある。やんちゃでもある。本当はわがままでも気まぐれでもないのに、時には店の人たちに無理難題をふっかけて、反応を見たがる。

そんな店で活躍してきた阿部さんは、手練れのサービス人である。ちょっとイケメンであり、笑顔にウソがなく、快活な声でしゃべり、明晰な頭でわがままに即座に対応する。

そしてなにより、サービスという仕事が、心底好きな人なのである。

例えば、手渡されたメニューを見る。隅から隅まで眺める。もう決まったかなという気配を感じて、阿部さんが来る。

「さあ、今日はいかがいたしましょう」

僕はメニューを閉じて言う。

「今日は、これ以外何ができるの？」

いやな客である。しかし、こんなことは彼の前でしか言わない。

「今日はこれ以外に、これとこれのご用意があります。もしよろしかったらこれも作りますが、おいしいですよ」

阿部さんは即答して、にこりと笑う。我々の負けである。

ある日は、メニューを閉じて言った。

「今日は二・三・一でいこうかな」

咄嗟に理解した阿部さんは、

「わかりました、前菜二皿、パスタ三皿、メイン一皿ですね。三名様ですから、前菜はこれとこれ、パスタはこれ、メインはこれでいかがですか？」また敗北した。

またある日は、ワインの注文を取りに来た彼に言った。

「今日は飲み放題コースでお願い」そんなコースはない。でも彼は答える。

「いいですねえ。飲み放題コースですか。では気軽にじゃぶじゃぶとたくさん飲めるワインを持ってきます」と、お値打ちなグラスワインを、次々と提案してくれた。完敗である。

そんな彼が、中村嘉倫シェフと始めた店が「ロッツォ シチリア」である。中村シェフのシチリア愛に満ちた料理、阿部さんのホスピタリティーと選び抜いたミネラル感豊かなワインが合体して、店は連夜盛況を続けている。

食べて、飲まずにはいられないイタリア食堂の料理は、前菜が中心である。

ワインビネガーの酸味とトマトの甘味、茄子や野菜の甘味が丸くなじんだ、溜息が出るほどうまい「パレルモ風カポナータ」、じゃが芋の甘味と鰯の質実なうま味が抱き合う「イワシとジャガイモのオーブン焼き」、海の豊饒が一皿に凝縮された「魚介のクスクス」など、どこにでもある食材から奇跡を生み出す、優れた料理に満ちている。

「ロッツォ シチリア」の魚介のクスクス

どの皿も、食べて驚きを与えるのではなく、安堵へと気持ちを着地させる料理のすごみがある。

そこへ阿部さんの当意即妙なサービスが加わり、客たちの華やかなさんざめきが輝き、夜が深まっていく。自然と笑顔が生まれ、同席した人たちと、「おいしいねえ」と語り合い、ワインの杯を交わす。幸せがにじり寄って、互いの距離がぐっと近づく。

料理の中では特に、野菜料理が素晴らしい。例えば「野菜のごった煮」と題された料理はこうである。

人参とセロリと豆がくったくたになるほど煮込まれているのだが、味わえば、人参は人参、セロリはセロリ、豆は豆と、それぞれの味が舌を包み込む。

それでいながら、味は一つにまとまっているのである。

何種類もの野菜のうま味が溶け込んだポタージュのように、混ざり合い溶け込み、なじんだ滋味が、舌を通り過ぎていく。丸く、優しく、穏やかで、舌と喉が太陽の温もりに包まれる。野菜や豆の形は残っているが、これはポタージュではないだろうか。我々の体と心を真っ直ぐにし、活気づけるポタージュなのである。

しかしなぜ、それぞれの食材も塩さえも主張せずに、一つにまとまっているのだろうか。野菜の大きさ、鍋に入れる順番、火加減、塩加減、煮込み時間など、それぞれを明確に描いた最終理想に向かって、精妙にはかり、感性を注ぎ込む。

その結実が、類いまれなる極上の「ごった煮」として、我々の笑顔を生み出すのである。どうです。今すぐ食べたくなったでしょ？　しかもこんな野菜料理に、阿部さんの選んだワインが、共鳴する。

するすると喉に落ちて、これがまた相手との距離を近づける要因となるのだが、実は距離を近づけてしまう最大の切り札が、食後に待っている。

食後酒である。今レストランで食後酒を飲む人は、どれだけいるのだろうか。おそらく、あまり飲みませんという人のほうが多いだろう。

しかし、この店では食後酒が飲みたくなる、巧みな仕掛けが仕組まれている。

メニューには、こう書かれている。

「毎日四種以上の果実酒を用意しています。一杯四〇〇円、全部飲んで一〇〇〇円！　頑張る人にえこひいき♥」

計算が合わないじゃないか。つまりたくさん飲んでほしいということネ、「それなら、頑張っちゃうよ」と、酒飲み心に火がつけられる。

「全部ちょうだい」と頼む。テーブルに瓶が並ぶ。リモンチェッロにアランチェッロ、りんごにスパイス系。

「おっと、これは飲みやすいねえ。こっちはスパイシーでシャキッとなる。ちょっと飲んでみる？」と、連れと一緒に盛り上がって、片っ端から飲めば、いい気分。いや、かなり出来上がる。翌日少し反省をするのだが、しばらく経つとまた、無性にこの店に来て、食後酒を飲んで暴れたくなる。これは、確実にワナである。

中には、「食後酒は飲むけど、一杯でいいわ」という人もいる。しかしそんな人も、つい飲んでしまう。下に敷かれた紙マットに、グラスの絵が小さくて手描きされていて、一杯飲むたびに、「阿部」というハンコを押したり、赤鉛筆でチェックするからである。

これは楽しい。普段は飲まない人も参加してしまう。

「お客さんが、気兼ねなく、目いっぱい飲んで食べて、笑って帰ってもらえる店」

阿部さんと中村シェフは、「ロッツォ シチリア」を始める前、そんな店を理想として描いた。

「だから食事中だけでなく、食後にも山場があって、皆でふらふらになっていく。食堂はそうじゃなきゃって、中村も僕もそう思っていたんです」と、阿部さんは語る。

そこで果実酒を何種類も手作りすることを考えた。以前の店でも自家製の食後酒は作っていたが、さらに研究と試行を重ねていく。

本来はスピリタス（九六度のポーランド製ウォッカ）のような度数が高い酒で、果実のエキスを抽出する。そのほうが、エキスを抽出しやすいからであるが、そのままでは強すぎるので、加水して度数を半分以下にする。

しかし加水しても、元にした蒸留酒のアルコール臭が残るため、通常のジンやウォッカを使い、様々な果物で試してみた。その結果、黄色い果物は酸が強いのでジンが合い、オレンジ色の果物は、ブランデーの香りを合わせるとうまくいくことがわかってきた。

またレモンとジン、柿とホワイトラムが合うこともわかった。現在は八～十種類、ハーブ系、りんご、レモン、みかん、スパイス、一年以上つけた栗などが用意されている。

こうして香り高く飲みやすい、気がつけば酔っぱらっている、素晴らしき果実酒が生まれたのである。

「最後にこれがあると思うと、逆算ができるんです。会話に遊びが生まれて、すごく楽しい。私たちとお客様が、一つの頂上を目指して、一緒に登っていく感じでしょうか」

そうか。共に酒を飲み、酔う。その共有体験が楽しく、忘れられずに、また店に足を運んでしまうのである。食後酒の会話は、ワインとは異なる。

「ワインはまだこちら側がカメラを回して、お客さんが撮られているという感覚がありますが、スピリッツの会話は、店側と一緒に肩を組んじゃう感覚になるんですね」

ワインではどこかでカッコをつけていても、スピリッツでは声が大きくなって、腹を割って話すようになる。だから接待も楽になるという。しかも接待側が飲ませているのでなく、店側が飲ませているのだからね。

相手が女性だってそうである。男性が酒を飲ましているワケではない。

「これ一気に飲んでくれれば、もう一杯ついてくるキャンペーンやっています」といったジョークを飛ばしながら、阿部さんが愉快にスマートに酒をすすめるので、つい飲んでしまう。

「僕らレストランは、女性を口説かれるお手伝いをしている面もありますから」

今は、このことを自覚していないレストランが多いのである。

確かにこの店は、食後酒の効用を熟知し、活用している。しかしだからといって、ただ自家製果実酒をたくさん置いているだけではない。

人生を少しでも愉快に、楽しくやってもらいたい。食後酒を飲んで大きな声になり、笑い合い、酔っぱらえば、人生捨てたもんじゃないと思えるはず。そう心から願う気持ちが、店の隅々まであふれているからこそ、楽しい。また来る。また酔っぱらう。

食堂とは、それでいいじゃないか。それ以上何があるのか。

最後に、今後どんな果実酒に挑戦していくつもりかと尋ねてみた。

「今度はマルサラを充実させようと思っています」

ああ僕らは、また彼らの悪巧みにはまるのか。上等だあ。かかってこい。

point

緻密な計算を感じさせないサービスで、
相手を口説く。

特別編

きりっとした緊張感と、いつも学びが

呑喜（※閉店）

僕はこの店で「おでん」を学んだ。

おでんを食べることを通して、この庶民的な料理をいかに愛してやるか。そのための下準備や心構え、頼み方、楽しみ方などを学んだ。

その店「呑喜《のんき》」は、本郷通り東大農学部正門前近くに、ひっそりと佇んでいた。

店名を金文字で浮き彫りした大きな扁額の下には、紺地の暖簾が下がり、左から右へ白文字で「呑喜」と記されている。二つの文字の間には、家紋だろうか、赤く「蔓《つる》三つ葵」がある。

知らない人が通りかかったら、ここが百二十年以上も営んでいる老舗だとは、誰も気づかないだろう。明治二十（一八八七）年創業のおでん屋は、それほどさりげない佇まいだった。

ガラリと引き戸を開けると、時代が染みた壁や、客の愛着と酒が染みて焦げ茶色となったカウンターが、静かに息づいている。カウンター内に置かれた赤銅丸鍋では、タネが身を寄せあいながら、くつくつと揺れている。つゆの色は黒い。真っ黒である。当然甘くて辛いが、味に甘えはなく、舌に丸く、キリッと後味がいい。透き通った関西風出汁のよそよそしさとは違い、心が和む温かみがある。これこそが、気取りのない、昔っからの東京の味だった。

「呑喜」は四代にわたり、味を守り続けた。明治、大正、昭和、平成と時代が変わっても、古き良き東京のスタイルを貫いた。

十月頃、「大根ください」と頼むと、「すいませんねえ、あと一カ月ほど待ってください」とご主人が答える。

じゃが芋は置かず、牛すじはやらず、冬にしか大根はやらない。昆布巻きもないのは、江戸時代からの決まりで、鰹出汁で煮るからである。その分、タネからコクが滲み出る。また、八月はまるまる休む。

品書きはない。鍋の中（といっても真っ黒でほとんど見えないんだけどネ）か、ガラスケースに入っているタネを見て、注文をする。

大根、こんにゃく、白滝、焼き豆腐、玉子、竹輪、ごぼう巻き、イカ入りボール、里芋、信《しの》太《だ》巻き、スジ、イイダコ、ヤリイカ、白竹輪、さつま揚げ、がんもどき、つみれ、うずらボール、トコブシ、銀杏、がオールスターである。

最初の頃は、「じゃが芋」と頼むと「ない」と言われ、「ちくわぶ」と頼むと「ない」と言われ、すごすごと引き下がりながら、常連の頼む姿をじっと観察して真似た。

値段は安い。学生でも来ることができる値段である。しかしご主人の態度と店の雰囲気には、きりっとしたよい緊張感があって、気軽に訪れたものの、こりゃあ心を正さなくてはと思い、再訪した。

今度は店の開けはなに伺い、鍋前に座る。前回学習したおでんタネを、二品ずつ頼む。二品ずつなのは、それ以上頼むと、冷めてしまうからである。それに盛り合わせになっているより、二品ずつの光景のほうが愛おしい。

それに、「僕はおでんを大切に思っていますよ」という、勝手なメッセージでもあった。

四代目となるご主人は、東京の職人らしく、無口で、一見愛想が悪い。しかしメッセージが届いたのかどうかわからないが、次第に柔らかくなって、機嫌のいい時は、いろいろ教えてくれた。

「お客さんが、ここの鍋は四角ではなくて丸いねえなんて言うけど、ありゃあ戦争でみんな弾になっちゃった。戦後は仕方なく四角いアルミのバットでおでんを炊いてたんだ。それで今のおでん鍋はみんな四角よ」

油揚げの袋の中身は、牛肉と白滝と玉ねぎ。つまりすき焼きってえわけである。

「爺様の頃の袋はねえ、季節の味って、銀杏やら筍やら茸入れて福袋って呼んでたんだけどね。ここは学生さんが多いでしょ。みんなパクッて食べて、気がつかない。だからやめちゃった」

白竹輪はちくわぶと似ているが、白竹輪は魚のすり身で作り、ちくわぶは小麦粉を練って作ることも教わり、信太巻きのいわれも教えてくれた。

「油揚げが狐の好物だから、信太の森の狐伝説からこの名がついたんですよ」

ついでに信太の森の狐伝説も講義してくれた。だが、その信太巻きも白竹輪も、東北の震災を機になくなった。

「工場を千葉から小名浜に移してね。全部壊れちゃったんでさあ」

震災は、老舗にも影を落としていた。

そんな話を聞けば聞くほど、おでんのタネの一つ一つが恋しくなる。だから頼み方も凝ってみる。

二品ずつ頼む場合、相性や味の違いという点も考慮するが、アート的な視点も大切だということに気がついた。こんにゃくの三角に大根の丸姿（チビ太の世界だネ）。焼き豆腐の四角とさつま揚げの平たい楕円、白と茶の色合い。玉子の曲線と竹輪の直線。イイダコに可愛い銀杏、がんもどきや袋の球体に、鋭利なヤリイカという光景も渋い。

寄り添う二つのタネを眺める。なにかこうほのぼのとした小宇宙がそこにはあって、おでんが一層恋しくなる。

「呑喜」に出かける前も、入念な準備をした。強制的におでん出汁の匂いを嗅がせるコンビニには立ち寄らず、おでんへの飢餓感を高めて当日を迎える。

出かける時は、必ず一人。他人の注文とペースに惑わされたくないからである。酒は終始ぬる燗酒。「おでん燗酒」と一つの言葉になっているように、誠におでんと燗酒は相性がいい。「呑喜」では、おでんの赤銅丸鍋を抱え込むように燗づけ器が密着していて、酒といえばぬる燗だった。飲めば、おでんのつゆと調和する温度が心憎い。壁に掲げられた、墨跡鮮やかな「呑喜最佳」の額を尋ねると、文部大臣であり学習院院長であった、安倍能成の書だという。また突き当りの壁には、「電話　小石川四七三六番」と書かれた、古びた木札が掛けられている。

「これは昔の番号ですか？」と尋ねれば、

「これにおを付けると、おでんは（お電話）品見ろ（四七三六）」と、ダジャレをかまされた。締めには茶飯を頼む。これも昔っからの東京の味である。僕はここでもう一度焼き豆腐を頼んで茶飯の友とした。崩して上にかけてもおいしい。

ある日飲んでいると、東大生が四人入ってきた。「がんも、豆腐、芋、こんにゃく」銘々が頼む。焼き豆腐をつまみながら、「社会が人間を選び、人間が社会を選ぶんだ」と議論している。議論しながらも、間を置かずにおでんを食べているのはエライ。

その姿を見ながら、この味は彼らに受け継がれていくのだろうか。三代にわたる常連客がこの店に訪れたように、彼らも結婚して、成人した子供を連れてくるのだろうかと、ふと考えた。

しかし「呑喜」は、平成二十七（二〇一五）年十二月二十五日に閉店した。ご主人が急逝なされたのだと聞いた。

店が終わって十時過ぎ、ご主人は残ったタネを取り出し、つゆを濾し、そこに新しく作ったつゆをたっぷり注いでいたという。「おでんは、つゆが新しくてこそ、うめえんだ」という、先代の教えを守っていたのである。

僕はこの店でおでんを学んだ。だが本当に学んだのは、それだけではないことを、深く感謝している。

第四章

飲まずに盗め
～立ち食いそば編～

Secret 20

連係プレーが見事

とんがらし（水道橋）

きっと仲むつまじいのだろうなあ。

路地に佇む「とんがらし」を切り盛る、老夫婦のやりとりを聞いていると、微笑ましくなってくる。

「盛り合わせ一つです」と注文を通す奥さんの温和な声に、「はい」とご主人が明るい声で応える。

天ぷらが揚がると、「野菜天いきます」とご主人が声をかけ、それに合わせて奥さんがそばを温め、ご飯を盛る。

連係プレーは一糸乱れることなく、最上のタイミングで天丼や天ぷらそばが完成する。そして、「お待ちどおさまでした」と、奥さんの言葉が添えられて渡される。

路地は人通りが少ないが、客足は途切れない。五十代後半の夫婦は、仲良く天丼をつつき、推定二十五歳サラリーマンは、ｉＰｈｏｎｅで料理の写真を撮ってから、メールを見ながら天丼セットを食べ始めた。

黒のノースリーブＴシャツ、黒ジーパンの長髪ポニーテール男子学生は、茄子天そばを、脇目も振らずに食べている。

僕は、海老天が四本、茄子が半本分、イカ天が一本入った「盛り合わせ」五五〇円を注文した。

揚げたてで、カリッと音が響く天ぷらをかじりながら、そばをすする。そばもつゆも上出来で、食べているとうれしくなっちゃうそばである。

うどんやきしめんもあるが、麺より天丼比率が高い。推定五十七歳、建築現場系男性も、推定三十五歳短パン、ポロシャツ、ナイキのスニーカー、職業不明男子も天丼を勢いよくかき込んでいる。

「冷やしきつねうどん」という声が聞こえて振り返ると、七十代おばあちゃんと目が合い、にっこりとされた。

かように店は忙しい。しかしご主人は、一切ペースを乱すことなく、淡々と天ぷらを揚げていく。

だから五分は待つ。しかし誰も、急ぐ様子はなく、いらいらすることもない。

「イカ天いくよ」

ご主人の声が通る。その声には、仕事を愛しているという情感がこもっている。

「盛り合わせ一つです」「はい」「お待ちどおさまでした」

温もりのある声に包まれた客は、誰も、待つことをいとわないのだ。

Secret 21

ロックな立ちそば

京橋　恵み屋（京橋）

リッチー・ブラックモアやヴァン・ヘイレンの写真ですよ。イエスソングスのジャケットやマーシャルのアンプですよ（わからない人は、わからなくてよろしい）。

ここは、日本一ロックな立ち食いそば屋である。しかし昼時は、ロックとは無縁の上品なおじさんたちがやって来る。

なぜなら、「京橋《きょうばし》　恵み屋《めぐや》」は、十割の、冷たいそばのみで品書きを貫く店だからである。

特別配合の「恵み」、ダッタン粉を混ぜた「ダッタン」、玄そばの外皮を入れ込んだ「田舎」、玄そばの中心を多く使用した「更科」から選べ、小盛り（一五〇グラム三五〇円）～特盛り（六五〇グラム八〇〇円）という価格であるから、若者より、上品おじさんの好みとなる。五十代後半、ピンストライプスーツに、フェラガモのネクタイ紳士は、タイをシャツの第二ボタンに入れ込み、勢いよくたぐっている。僕も負けじと、ダッタン並盛りを頼み、ずるるの競演をした。うん、香りがある。嚙みしめれば、少し歯を押し返すようなコシがあって、ほんのり甘い。

六十代の紳士は赤いサスペンダー、グレーのタイという洒落たいでたちで、そばに七味をふりかけ、熱汁につけている。こんな食べ方見たことないが、うまそうだなあ。

三十代後半の男性は、全身を黒で固めたデザイナー風。線が細く、そばをたぐる音が小さい。むしろこういう人は希少で、皆、勢いがいい。小盛りを頼む客が少ないのも、近隣の店でのざるが透けて見えるそばの量に、反旗を翻して、思いの丈をぶつけているせいか。その情念が勢いとなり、店内は、ずるるの大合唱。立ち食いそば界の大音量、ラウドネス。これぞロックだ。

実はこの店、夜は立ち飲みとして営業している。では、夜のロック度はいかがだろう？

♪おっとぉ、いきなりディープ・パープル「スモーク・オン・ザ・ウォーター」だあ。

夜になり、立ち飲み屋に変身した「恵み屋」は、ロック度が増していた。店内のモニターは、常時ロッカーの映像が流され、今夜はディープ・パープルのライブである。だからといって客は、コブシを上げるでもなく、ヘッドバンギングするでもない。淡々と飲んでいる。客は五人。

僕の後ろは、奥田瑛二似の五十男と四十女のカップルが、言葉少なく飲んでいる。酒は日本酒、肴は板わさ三五〇円、冷や奴一五〇円他。

目の前は、三人の男。五十代、四十代、三十代という構成で、会話からすると一人ずつ来て集まった常連らしい。僕はホッピーセットに、枝豆とそば味噌を注文した。香ばしくあぶられたそば味噌をちびちびとやっていると、カップルが帰り、四十代が「明日、娘をディズニーランドに連れて行くんで」と帰り、残り二人も帰った。

寂しくなった店内で、ボン・ジョヴィが一人叫ぶ。このままじゃボン・ジョヴィ様に申し訳ない、せめて一人でも勢いつけなきゃと、「そば湯やっこ」と「中（焼酎）」をおかわり。

その時、「そばの大盛り三枚」という声が響く。振り向くと、いつのまにか六十男がいらっしゃる。一人で食うのではなく、テイクアウトするらしい。いやあ、いろんな客がいるなあ。

そろそろこちらも締めようかい。厚切り豚バラ肉が入った熱々肉汁に、恵みもり小盛りを合わせ、つるるとやった。

帰り際、「誰が好きなんですか」と店主に聞くと、「リッチーとジミー（リッチー・ブラックモアとジミー・ペイジ）です。ギター、やってたんで」と、大きな体を揺らすようにして、うれしそうにはにかんだ。

Secret 22

たった四〇〇円で幸せ

かさい（中野）

また来よう。そう思う店ではなく、明日も来よう。そう思わせる店が、中野駅前の「かさい」である。気に入っている理由は以下の通り。

※つゆに混ぜると後口が心地よい、おろし生姜が置いてある。

※麺が平打ちで太く、二種類の太さを混ぜてあるので、絶妙な食感と食べ応えを生む。

※わかめがうまい。厚くしなやかである。

※二日酔いに優しい小盛りがある（そんな時に食べるのもどうかと思うが）。

※具を一つ増やすたびに、一〇円ずつ安くしてくれる。

※サービスが素晴らしい。立てば水が置かれ、なくなれば直ちに補充。カウンターは常に清潔。
※冷やしはぶっかけではなく、冷たいかけ汁がなみなみと注がれる。
※桜海老や青菜などが入った、お得なたぬき。
※冷やしたぬきにすると、たぬきに熱いかけ汁をかけて、なじみやすくする。
※自分の生活圏内にある。
※吹きさらしの外に面し、定員六名の、正統派立ち食いそば屋の形状である。
全種類食べ、落ち着いたのが、わかめたぬきそば四〇〇円である。たぬきの油がコクを出し、そこへわかめが香る、この店のベストマッチであろう。

長年通っているだけあって、様々な人を見た。一口すするたびにうまいなあと呟き、隣の僕にも「うまいよねえ」と同意を求めた、六十過ぎのおっさん。

彼女を外で待たせながら、異常に食べるのが遅い、二十代欧米系白人。

「なんでも食べな」と一万円を財布から出した、黒革ジャン三十代男と、舎弟二人。

いなりを温かいそばつゆにつけて、おいしそうに食べている、三十代サラリーマン。

いつも思う。たった四〇〇円で幸せになれる先進国が、どこにあるのかと。食べるたびに、日本の先進性を痛感するのだ。

Secret 23

利益より安心サービス！

八幡そば（代々木八幡）

「いらっしゃいませぇ」

代々木八幡駅に張り付くようにある「八幡《はちまん》そば」は、ご主人の声がいい。快活な声で、語尾を伸ばすので、調子がいい。

「ざるそばです」と女性店員が言えば、「はぁ〜い」。返却口に丼を返すと、「ありがとうございます。助かりまぁす」。そんな声を聞きながら食べるそばは、うまい。

昼前なので客は一人。推定二十三歳耳ピアス、ミスチルのボーカル似のハンサム君が、かき揚げそばを食べていた（ここは立ち食いではなく、座り食いそば）。

食べ終え、水を飲み終えると、数秒虚空を見つめ、小さくうなずいた。いい。食事への感謝が滲み出て、清々しい。バンド活動頑張れよ（勝手に決めるな）。

やがて混んできた。推定二十歳のコック服が、春菊天を注文。頼むなりメールをチェック。運ばれてきても、三十秒メールをチェック。料理人を目指すなら、早く食べなさい。

六十代後半のおじさんは、ざるそばを注文。海苔をそばと完璧に混ぜてから、勢いのいい音を響かせ、たぐっている。いいネ。

最後につゆを飲み干した。おじさん、血圧大丈夫なんですね。うらやましい。

僕は「かき揚げそば」四四〇円に、ゲソ天一〇〇円を追加。そばの上に、かき揚げ、ゲソ天、わかめとひしめき合う。まずはそばを一口。

細打ちそばは、そばのそばたる味が漂う。街のそば屋が恥ずかしくなっちゃうようなうまさである。つゆも出汁の香り高く、かき揚げは、玉ねぎのざく切りがたっぷり入り、それに花びら形の人参、桜海老、ねぎが入っている。ゲソ天も、程よい硬さで、わかめも厚みがある。

壁を見れば、「新しい素材にどんどん変えていく」「利益より安心サービスを！　国産品使用の店」といった張り紙がある。

そうか。あの快活な声の根源は、これだったのね。

Secret 24

Ｆ１級の早さ

新和そば（新宿）

早い。圧倒的に早い。

右向いて、左向いたらもう出ている。時間にして三秒。立ち食いそば界のＦ１である。

新宿駅、京王線改札口近くにある「新和《しんわ》そば」は、食券を置いてから出されるまでが、とにかく早い。

秘密は、カウンター内の券売機側に陣取る女性店員が、客が券売機を押す様をチラ見している点にある。

客が人差し指（この指以外で押す人は見たことがないので）を差し出して、押そうとする瞬間を逃さない。うどんかそばのボタンを、押すか押さないかのうちに判断し、麺を湯通しし始める。さらに押したボタンの位置を見切り、タネを用意し、のせ、つゆを注ぐ。

それもさりげないというか、どちらかというと緩慢な、やる気のなさそうな動作ながら、実は迅速なのが、すごい。

彼女は、立ち食いそば界の、ルイス・ハミルトンである。

他にスタッフは三人いる。しかし何をしているかは、滞在時間中にはわからなかった。女性店員がドライバーなら、メカニックやチームディレクターか。

そんな強力チームに支えられていても、トラブルは時として生じる。

推定七十二歳小柄男性が、山かけうどんの食券をカウンターに置き、「山かけそば」と言ったのである。「そばですか」と、他のスタッフが聞き直し、直ちにルイスに伝わった。

そして、哀れ完成間近であったうどんは、いずこかへ消えたのである。

おわりに

一人でも飲みに行け

「タベアルキスト」という仕事には、悩みがある。

行かなければならない店の予約が、二カ月以上先まで埋まっていて、「ああ今日は居酒屋に行きたいなあ」と思っても、出かけられないのである。

だがそんな生活もやめた。月に何日かは、空白の日を作る。そして気のおもむくまま、酒場に出かけることにした。

酒場巡りは、会社勤め時代にも、大いに助けられた。夜に仕事が埋まる仕事だったが、煮詰まると、なんとか都合をつけて酒場に出かけた。

こういう時は、必ず一人である。独酌である。好きな酒場でよいしょっと腰を下ろし、ゆっくりと飲み始める。

憂さを酒で晴らそうなんてことは、微塵も考えない。頭を空にし、体を楽にし、酒と肴を愛しながら、静かに飲む。

元来酒場とは、そういうものではないだろうか。数人で大騒ぎしながら飲む。二人なり三人で、会社の悪口をいいながら飲む。

これでは、酒場にも、酒や肴にも失礼である。そんなことしたけりゃ、どっか人のいないとこでやってください。と言いたい。

酒場だけでない。食通や食いしん坊でなくてもいいけど、飲食店やご主人、料理や酒を、おろそかにする人は、ビジネスでも信用が出来ない。そう思っている。

一人で飲み始める。次第に酔ってくる。仕事の垢が落ち、憂さはどこかに消え去り、自分の時間が戻ってくる。

自分だけの時間に浸かりながらも、自分を客観視するような感覚もあり、どんなに落ち込んでいても、「たいした事ないさ」と、思い始める。

本書はこうした時間を過ごすうちに出会った、素晴らしき人々の姿勢や思想が集結した本である。

もし一人で出かけなかったら、気づかないこともあっただろう。ご主人や女将さんから引き出せなかったこともあったろう。

さあ、まず独りで飲みに出かけよう。体裁が悪い。恥ずかしい。間が持たない。そう思う人も、まず独りで飲みに出かけよう。

そうしなければ、一生出会えない智慧が酒場にはある。

最後に、酒場に逃げがちな僕を、叱咤激励して導いてくれた、集英社の山本智恵子さん、藤井真也さん。素敵な絵で華を添えてくれた、永崎ひまるさん。「柏屋」他の取材でお世話になった、「料理王国」の民輪めぐみさん、江六前一郎さん、カメラの絵鳩正志さん、村川荘兵衛さん、「韓灯」他の取材でお世話になった、「食楽」の門脇宏さん、カメラの鵜澤昭彦さん。そして本書で書いた、すべての女将さんとご主人に、深く深く、感謝いたします。

では、今夜も飲みにいきます。今夜は「鍵屋」か「シンスケ」かな。

酒場で会いましょう。

二〇一六年春　マッキー牧元

出世酒場のまとめ
マッキーさんと
一緒に訪れたお店たち
料理はもちろん
なにせ空気感がよい
「鍵屋」さんなどは
タイムマシンに
乗ったようだった
鍵屋
またマッキーさんが
この空気になじんで
しかしマッキーさんも
三十代の頃は
この空気に
そわそわしていたんだそうな

飲みながら
マッキーさんの若かりし頃の
仕事の話なども聞いた
華やかな時代。
日本が元気な時代。
それをすんなり話して
くれたのは
酒の席だったからこそ
実は神様たちも
お酒でお互い親しく
なったりする
その宴会を
直会(なおらい)
という。
岩に閉じこもった
天照大神を直会で
騒いで誘き出す
話は有名
そして一人飲みの
しっぽりの良さも
知りました
私も元々一人で
食べるの好きなので
チャレンジしてみたい
女性一人が
ダメなお店は
残念だけど。

マッキーさんによれば
肴
酒
5.5：4.5
このバランスが良いそう
これを越えちゃうと
おいしくないのよ
酒場は酒を
飲む場所。
あとね
ハシゴ酒はね
三段(三軒)ないと
ハシゴにならないのよ
二段
これじゃ
ただの
ステップ
①
②
三段で
ハシゴ
になる
①
②
③
なるほど
大人への
ハシゴも
登れました。
FIN

出世酒場MAP

03 森《もり》清《せい》 P025

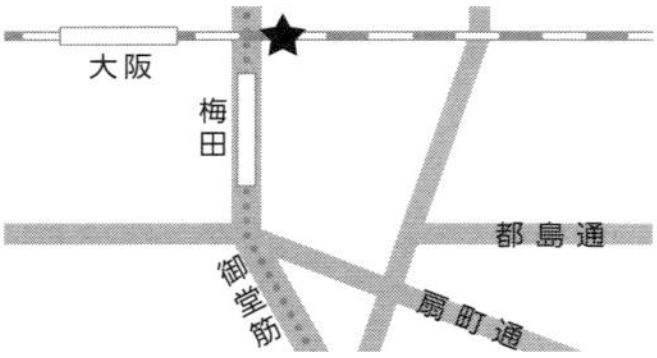

℡06-6312-0480
大阪府大阪市北区角田町9-26 新梅田食道街2F
(営)17:30〜22:30
㊡日曜・祝日・第3土曜

01 本《ほん》店《てん》浜《はま》作《さく》 P010

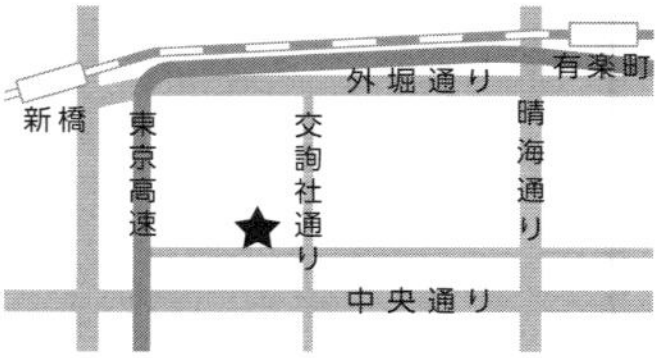

℡03-3571-2031
東京都中央区銀座7-7-4
(営)11:30〜13:30　17:00〜21:30
㊡日曜・祝日

04 珉《みん》珉《みん》 P032

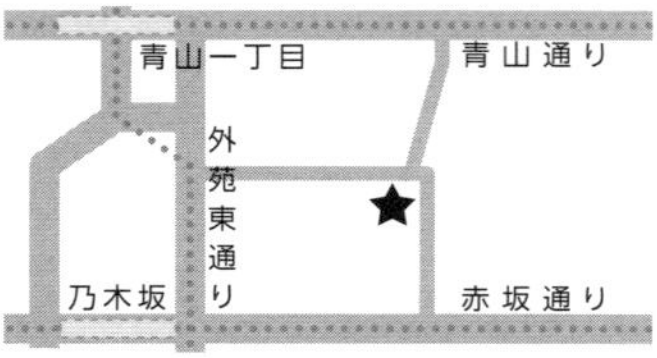

℡03-3408-4805
東京都港区赤坂8-7-4
(営)11:30〜14:00　17:30〜22:30
㊡日曜・祝日

02 らんこんと P017

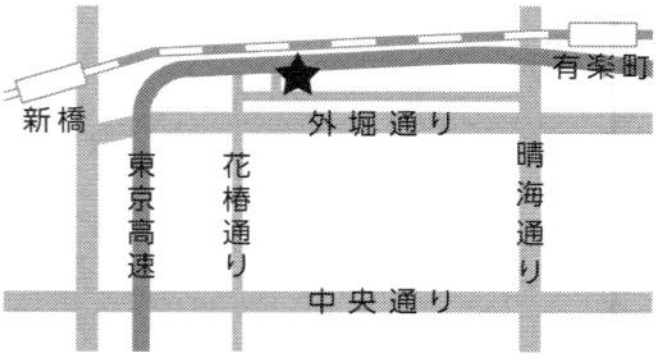

℡03-3571-0448
東京都中央区銀座7-2-10 長谷川ビル1F
(営)17:30〜23:30(L.O)土〜23:00(L.O)
㊡日曜・祝日

05 鳥《とり》房《ふさ》 P042

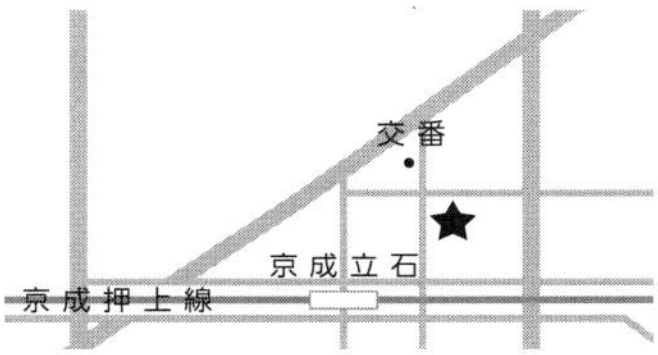

(TEL)03-3697-7025
東京都葛飾区立石7-1-3
(営)16:00～21:00　日祝15:00～20:30
(休)火曜

06 韓《ハン》灯《ドゥン》 P051

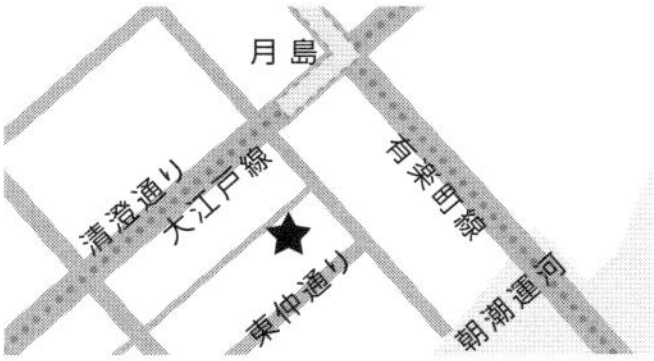

(TEL)03-3536-6635
東京都中央区月島2-8-12-B1F
(営)17:30～23:30
(休)月曜

07 みぢゃげど P058

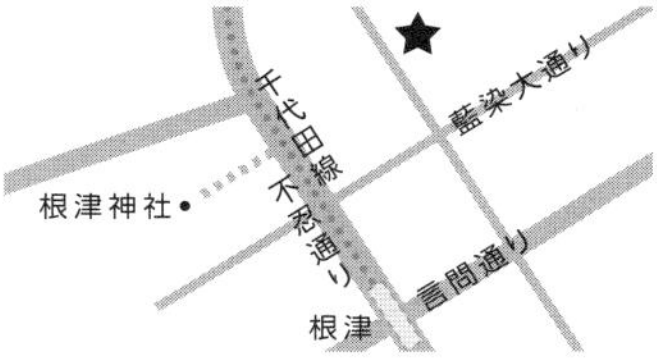

(TEL)03-5842-1684
東京都台東区谷中2-5-10
(営)11:00～14:30　18:00～22:00
(休)土曜・日曜・祝日　※昼は「津軽そば」「ラーメン」

08 鍵《かぎ》屋《や》 P068

(TEL)03-3872-2227
東京都台東区根岸3-6-23-18
(営)17:00～21:00
(休)日曜・祝日　※女性のみでの来店はお断り

09 沿《ぞ》露《ろ》目《め》 P076

(TEL)03-5875-8382
東京都江東区富岡1-12-6 阿久津ビル1F
(営)17:00～25:00頃
(休)日曜・第2第4月曜

10 大はし P083

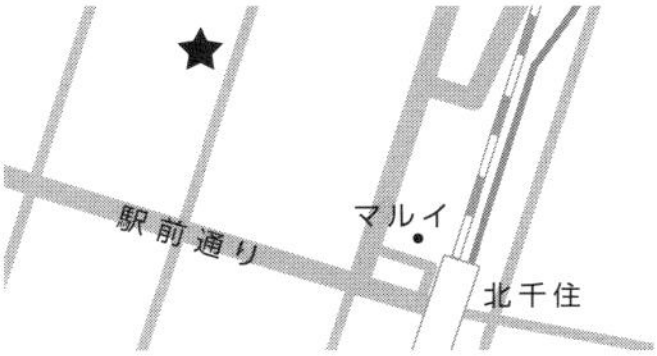

(TEL)03-3881-6050
東京都足立区千住3-46
(営)16:30～22:30
(休)土曜・日曜・祝日

11 シンスケ P090

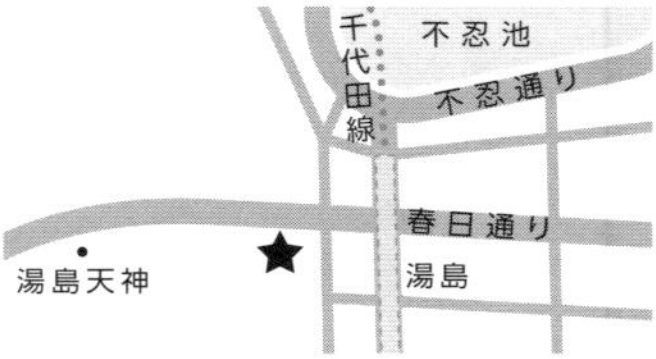

Ⓣ03-3832-0469
東京都文京区湯島3-31-5
㊔17:00～21:30(L.O)土17:00～20:30(L.O)
㊡日曜・祝日

12 ニューカヤバ P113

Ⓣ非公開
東京都中央区日本橋茅場町2-17-11
㊔17:00～21:00
㊡土曜・日曜・祝日　※女性のみでの来店はお断り

13 利《り》久《きゅう》庵《あん》 P120

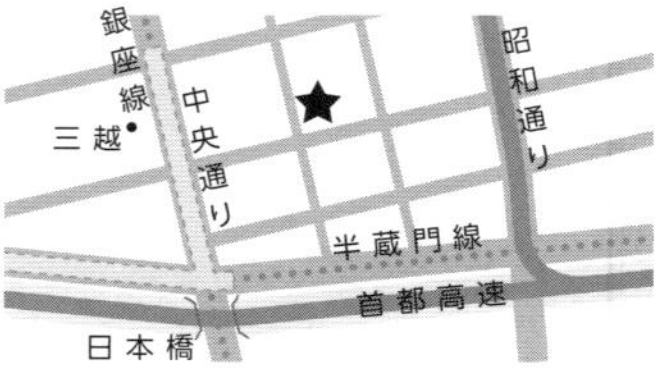

Ⓣ03-3241-5010
東京都中央区日本橋室町1-12-16
㊔11:00～20:30(L.O)土～16:00(L.O)
㊡日曜・祝日

14 岩《いわ》金《きん》 P128

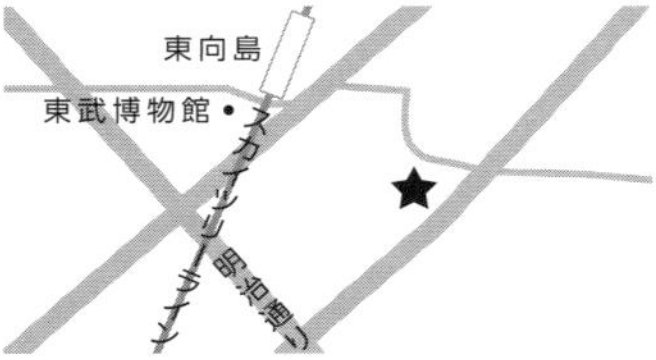

Ⓣ03-3619-6398
東京都墨田区東向島6-13-10
㊔17:30～23:30
㊡不定休

15 たまる P138

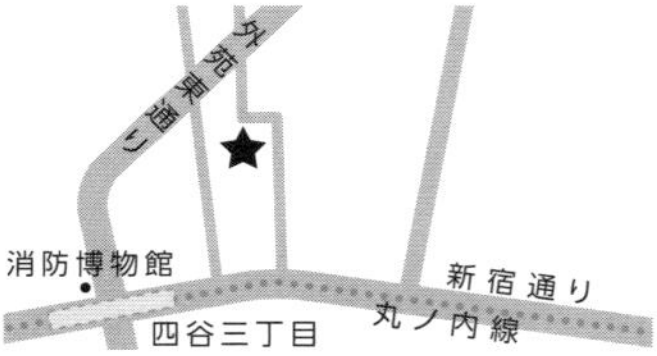

Ⓣ03-3357-8820
東京都新宿区荒木町7
㊔18:00～20:30(L.O)
㊡日曜

16 冨《ふ》味《み》屋《や》 P147

Ⓣ03-3844-3667
東京都台東区浅草2-14-7
㊔17:00～24:00
㊡火曜

17 柏《かしわ》屋《や》　大阪《おおさか》千《せん》里《り》山《やま》 P155

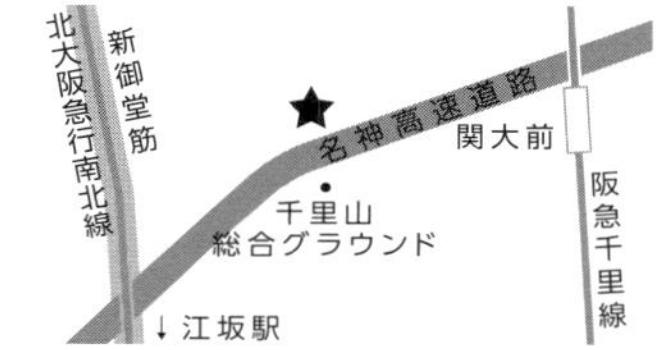

℡06-6386-2234
大阪府吹田市千里山西2-5-18
㊔12:00〜13:30(L.O)18:00〜20:00(L.O)
㊡不定休　※完全予約制

18 アヒルストア P161

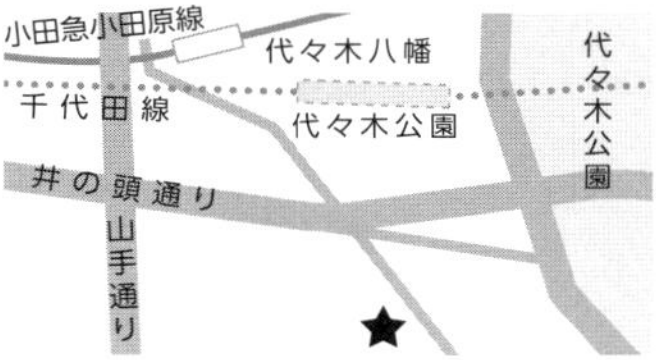

℡03-5454-2146
東京都渋谷区富ヶ谷1-19-4
㊔18:00〜24:00　土15:00〜21:00
㊡日曜・祝日・第1土曜

19 ロッツォ シチリア P170

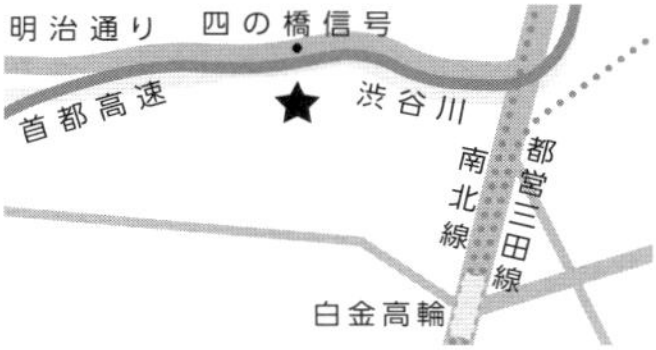

℡03-5447-1955
東京都港区白金1-1-12 内野マンション1F
㊔18:00〜24:00(L.O)
㊡日曜

20 とんがらし P186

JR水道橋駅　西口徒歩4分
西口改札を出てホテルメトロポリタン
エドモント方向へ、大通りを進み、
信号のある五差路を右手前に入る
㊡日曜

21 京橋《きょうばし》　恵《めぐ》み屋《や》 P189

東京メトロ京橋駅　徒歩4分
地上に出て中央通りを銀座方面に進み、
高速道路のガード手前を右に入る
㊡日曜(不定休)

22 かさい P192

JR中野駅 北口サンモール商店街入口の右側
㊡日曜

23 八《はち》幡《まん》そば P194

小田急線代々木八幡駅、
東京メトロ代々木公園駅すぐ
㊡土曜・日曜・祝日

24 新《しん》和《わ》そば P196

新宿駅西口地下　小田急エース南館
京王線改札口すぐ
㊡無休

出世酒場《しゅっせさかば》　ビジネスの極意《ごくい》は酒場《さかば》で盗《ぬす》め

2016年5月31日　第1刷発行

著　者　マッキー牧元《まきもと》

発行者　加藤　潤

発行所　〒101-8050　東京都千代田区一ツ橋2-5-10
編集部：03-3230-6068
読者係：03-3230-6080
販売部：03-3230-6393（書店専用）

印刷所　図書印刷株式会社

製本所　ナショナル製本協同組合

集英社ビジネス書ウェブサイト　http://business.shueisha.co.jp
集英社ビジネス書公式 Twitter　http://twitter.com/s_bizbooks(@s_bizbooks)
集英社ビジネス書 Facebook ページ　http://www.facebook.com/s.bizbooks

　ISBN978-4-08-786059-7　C0030